圖解系列

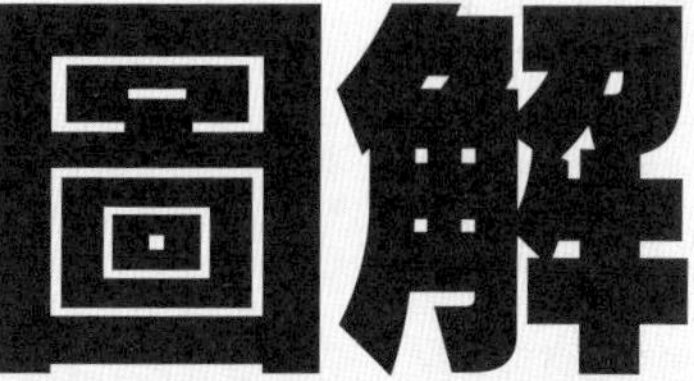

- 一讀就懂的課程發展入門知識
- 文字敘述淺顯易懂、提綱挈領
- 圖表形式快速理解、加強記憶

新課綱課程發展與設計

第二版

敬世龍 著

閱讀文字

觀看圖表

理解內容

五南圖書出版公司 印行

作者的話

課程發展與設計是教育的基礎，也是教育專業與永續的核心。教育工作者，尤其是校長、主任與教師更應具備課程發展與設計的理論知識，並輔以落實在教學層面貫徹的執行力，才能開創出具生命力的課程方案與教學內容，以促進學生學習關鍵素養而能永續傳承卓越優質的教育薪火。

本書作者敬世龍校長，從事課規劃與設計與學校教學工作二十多年，兼具教育行政、課程與教學理論與心理輔導實務專長，將其多年教育功力透過一頁文字及一頁圖表的搭配，以深入淺出的文筆，將課程理論與實徵研究心得和實務經驗匯撰成書。

本書的結構與編排係符合當代圖像思考與學習的需求，將文字內容加以重新整理安排，並利用學習的原理，將課程發展與設計的內容加以圖像化、表格化，促進閱讀者閱讀興趣，並輔以一頁重點文字摘述，也引導閱讀者文字閱讀能力，最後提供課程發展與設計的實務案例，提供實務參酌。

本書全文在第一章包含課程的理念與內涵，包含基本概念、課程發展與課程設計的意義、課程的基礎、課程發展的專業化與科學化、課程設計與發展的重要原則及課程目標的重要性與意義等部分；第二章課程發展與設計意涵與派典，分別介紹課程發展意涵、人員、層次與種類和相關系統以及學科取向、社會取向、科技取向、學生取向與專業主義取向等派典；第三章課程設計模式內容有模式的意義與應用、目標模式、泰勒模式、過程模式、情境模式與實踐模式等；第四章課程組織與選擇包含課程組織、學科課程、活動課程、核心課程及課程選擇的意涵、重要性與課程內容選擇和統整課程意涵（實施原則）等部分；第五章課程實施與評鑑則分別說明課程實施的意涵、觀點、層次與障礙以及課程評鑑與階段；第六章學校本位課程發展則介紹學校本位課程發展的意涵、影響因素、必要性、程序與步驟、實施原則和鄉土教育的意涵、理論基礎和發展模式等；第七章九年一貫課程改革分別介紹九年一貫課程改革重要性、基本理念、理論分析、學習內容和美學論述及檢討建議；第八章課程領導內容有課程領導的意義、發展階段、有效策略、課程領導者和相關問題與展望；第九章課程結構與課程意義則分別說明課程結構與意義、顯著課程、潛在課程、懸缺課程／虛無課程和課程即科目、課程即經驗、課程即計畫、課程即目標與課程即研究假設；第十章課程探究形式與研究則有課程探究的形式、研究的目的特性及歷程、課程探索與研究的方法、課程研究方法論的爭議、課程研究的政策取向、課程研究的全球化取向、課程研究的建構主義取向、課程研究的再概念化取向與課程研究的轉變與省思等單元；第十一章十二年基本國教的課程改革分別有十二年基本國教的願景理念與目標、入學形式、十二年基本國教與適性入學、課程發展與教學活化、總綱研修要義及十二年國教之核心素養（competence）的意義等。

閱讀本書建議，將課程發展與設計的理論及教學現場實務加以結合，無論是剛進入教學現場教師的教室層級運用、進入教學現場一段時間教師的充電與創新及有意從事教育經營與管理者規劃校務指引均可以充分運用本書，教師在現場實務遭遇問題可與書中的理論、策略、原則、方法與實際案例等進行對照，並在現場有效轉化爲個人在教室層級與學校層級之具備個人特色的課程設計與發展獨特模式，進而進行典範轉移與革新。

敬世龍 謹識

2016年8月

本書目錄

第8章 課程領導

第9章 課程結構與課程意義

第10章 課程探究形式與研究

第 11 章 十二年基本國教的課程改革

第 12 章 十二年國教課程規劃與教學實踐面面觀

第 1 章 課程的理念與內涵

章節體系架構

課程理論建構的價值常被視為比實務應用價值更為優越，因為理論是一套嚴謹的知識體系，且經過不同時代的彙整，可呈現系統性檢視解釋、預測理解與批判反思課程實務現象。因此，本章針對課程設計的基本概念、課程的意義、課程的基礎、課程發展的專業化與科學化、課程設計與發展的重要原則、課程目標的重要性與意義等進行介紹，作為教師課程設計與發展的參酌。

Unit 1-1 基本概念

課程開始成爲一門獨立研究領域是從1918年美國巴比特（Bobbit）出版《課程》（The Curriculum）一書開始，主張教育上的一切問題，應該都用科學的客觀方法求得解答（黃光雄、蔡清田，1999）。以下針對課程的基本概念進行介紹。

1970年以前，課程均受到行政學與實用性的影響（Pinar, Reynolds, Slattery, & Taubman, 1995），泰勒原理（Tyler's rationale）則是當時重要的課程依循規準（Tyler, 1949）。

課程的字面意義，就英文而言是curriculum，最早出現在1633年的蘇格蘭格拉斯哥大學（方德隆，2001）。而在牛津字典的curriculum之字根是currere，原意是跑道，引申爲學習中的歷程，將課程當成學習或訓練的過程。

將課程視爲狹義的單一學科或全部學科，除了靜態的學習內容，也包含動態的學習過程。就中文而言，「課程」一詞最早在唐朝孔穎達替《詩經・小雅・巧言》之文句所作的疏：「以教護課程，必君子監之，乃得依法制也」，其意爲君子善盡監督之責使其秩序井然，其義並無學校課程之意思。

學者對課程的定義並無共識，依據不同研究方法進行不同定義（王文科，1988：14-21；黃政傑，1991：65-76），分別有：

1.**將課程視爲學科**：最通俗的定義就是將課程視爲教學科目、學科或是教材。以現行國民中小學課程而言，課程就是依據各階段課程綱要爲準則，劃分不同教學領域並發展教材綱要，進而編纂教科書、教師手冊、學生學習紀錄簿等。

2.**將課程視爲目標**：符應科學管理理論而將系統分析運用在學校教育，將課程當成一系列目標的組合，內容包含教育目標、學科目標、行爲目標，課程爲預期的學習成果。

3.**將課程視爲計畫**：將教師教學計畫與學生學習計畫視爲課程主要內容，整個課程與學習的歷程都視爲課程。

4.**將課程視爲經驗**：課程爲在學校指導下，學生學到的一切經驗，包含正式課程、非正式課程及潛在課程，重視學生的學習歷程與知識、技能和態度。

事實上，上述定義難以區分，教師本位到學生本位各類定義互有關聯。

課程 定義

課程即學科	・說明：是最通俗且最具體定義，是所有人士均認可的。 ・內容：就中小學課程而言，依據課程綱要劃分為學習領域，編寫教科書、教師手冊、習作，為專家主導課程。
課程即目標	・說明：將管理理論系統分析應用於學校教育，最具影響力。 ・內容：課程即目標替能力本位教育提供依據，預期目標由學者決定，教師為課程實施者，學生無法接近目標。
課程即預期的學習結果	・說明：關注預期的學習結果或目標，把重點從手段轉向目的。 ・內容：應然與實然之間存在著差異。 ・課程目標制定與實施分離。
課程即學習經驗	・說明：試圖掌握學生實際學到什麼。 ・內容：課程的重點從教材轉向個人，理論上吸引人，實際上將學生個人經驗都包容進來，使課程的研究無從入手。
課程即社會文化的再生產	・課程是社會文化的反映，再製對下一代有用的知識與技能，幫助學生能夠適應現存社會。 ・課程重點：從教材、學生轉向社會。
課程即社會改造	・非使學生適應或順從社會文化，而是幫助學生擺脫現存社會制度之束縛，培養學生的批判意識。

Unit 1-2 課程發展與課程設計的意義

蘇軾之〈題西林壁〉：「橫看成嶺側成峰，遠近高低各不同，不識廬山眞面目，只緣身在此山中。」可作爲不同時期學者對課程發展與課程設計之觀點寫照。本小節將對課程、課程設計與課程發展之意義進行說明。

鍾啓泉（1997）認爲傳統的課程是分別以各自學校所有年級各科時間表來呈現的。但現在所指的「課程」，不但指教學的內容——教材的劃分與構成，還包括了有計畫性的教學活動的組織乃至評價在內，其範圍較之前擴充許多。

張世忠（2003）提出課程爲學校教育之主要依據，故需不斷檢討與改進，才能創造出更優質的學校文化與教育效果。

Maccia（1965）認爲課程是「提出的教學內容」。Beauchamp（1961）提到課程爲一個社會團體對於校內兒童教育經驗的設計。黃光雄（1996）則提到過去課程的界說偏向於強調教學計畫的「內容」，而現在的課程專家則以整個學習的情境來界定課程。

至於課程發展的意義則有以下觀點：黃政傑（1987）認爲「課程發展」包括研究、發展、推廣和採用。

黃光雄與蔡清田（1999）提出課程發展不同於課程設計，「課程發展」是指課程經由發展的歷程與結果，強調演進、生長的課程觀念，故除了包括目標、內容、活動、方法、資源、媒體、環境、評鑑、時間、人員、權力、程序與參與等各種課程因素，尙包括各種課程設計因素之間的交互作用，亦即包含了課程決定的互動和協商。而「課程設計」則偏重於課程內容之研擬。

研究指出，「課程發展」和「課程設計」很相似，但仍有不同之處。「課程發展」的概念比「課程設計」或「課程決定」的概念更廣泛。「課程發展」除涉及教學目標、教學內容、學習活動和評鑑程序等要素之外，尙涉及誰負責課程決定，影響作此決定的方法等因素的交互作用、談判、妥協等動態歷程（王文科，1988；林佩璇，1999；陳冠州，2003）。

換言之，「課程發展」強調課程計畫、實施、評鑑的整個過程，且涵蓋課程建構中參與的人員以及參與的歷程；而「課程設計」強調的重點則放在編製課程的模式或架構。通常因受學科內容、教學方法、教材、學習者的經驗和活動等因素的影響，故「課程設計」之範圍小於「課程發展」，屬於較靜態的層面，且其結果可能隨時間的變化而有所改變。

總而言之，「課程設計」在於界定課程的實質要素，而「課程發展」則著重於整個的過程。因此，「課程發展」可以包含所有課程計畫、課程設計、課程選擇、修正，以及創新研發的過程。Skilbeck（1984）提出學校課程發展有五個順序：(1)分析與評估學習情境，並提出課程計畫；(2)擬定目目標；(3)設計方案；(4)解釋並實施；(5)檢查、評估並回饋。

現代課程理論流派

學科結構課程理論：以學科知識為中心

- 重視知識體系本身的邏輯程序與結構，以學科的知識結構作為課程設計的基礎。
- 代表人物有布魯納、施瓦布。

社會改造課程理論

- 應以當代重大社會問題來組織課程，幫助學生學會參與制定社會規劃並付諸行動。
- 代表人物有弗雷勒。

(三)學生中心課程理論

- 主張以學生的興趣和愛好、動機和需要、能力和態度等為基礎編製課程。
- 代表人物有杜威。

Unit 1-3 課程的基礎

本節分別從心理學、社會學及哲學角度，來探討課程與心理學、課程與社會學及課程與哲學。茲分述如下：

一、課程與心理學重點

認知心理學與課程：著重學生頭腦中認知結構的重建或重組，感興趣於學生的思維過程和思維方式。代表人物如布魯納、奧斯貝爾。

人本心理學與課程：其關注並非學生學習的結果（行爲主義者重點），也非學生學習過程（認知心理學家所關心），而是學生學習的起因，即學習情感、信念、意圖等。代表人物有羅杰斯、馬斯洛。

在課程內容的選擇和組織方面，心理學通常被認爲是最有用的。其原則爲：

1.內在動機比外在動機之學習成效更佳。

2.學生的主動參與（含內隱的及外顯的），學習效果關係重大。

3.應鼓勵學生嘗試各種新的問題解決辦法，學生只有在解決問題時，才會認眞思考。

4.要爲學生制定超出他們現有水準、且是透過努力能夠達到的準則，勿過於簡單或困難。

二、課程與社會學重點

社會學對學校課程的影響，說明如下：

1.學校課程與社會政治、經濟有著生生不息的關係，制約著課程的設置以及課程編製過程。

2.學校課程離不開社會文化，課程既傳遞和複製社會文化知識，同時也受到社會文化，尤其是「意識型態的規範」制約。

3.關於學校課程的思想，總是與一定的社會背景聯繫在一起的；學校課程或者是爲了使學生適應某種社會環境，或者是爲了引發某種社會變革。

4.早期的思想家往往從社會理想出發；而現在的社會學家，則較注重對社會結構、社會互動與課程標準、課程內容之間關係的具體考察。

教育社會學的三大流派從不同視角分析學校課程：

1.**功能理論與課程**：強調社會整合、共同的價值觀和社會穩定。

2.**衝突理論與課程**：強調社會矛盾、權力差異和社會變化。

3.**解釋理論與課程**：屬微觀社會學，包括知識社會學、符號互動論、民俗方法論。

三、課程與哲學重點

現代西方哲學流派的課程觀：實用主義哲學與課程、邏輯實證主義與課程、日常語言分析學與課程、批判理論與課程。對課程之哲學基礎地位的認識：

1.哲學是學校課程的最根本基礎。

2.哲學中關於認識的來源和知識性質的觀點，對課程理論和實踐，尤其是課程的模式，有直接指導作用。

3.認識論中有關「知識價值」的問題之探討，對課程內容的選擇與組織關係甚大。

4.認識論中有關知識的形式和分類的觀點，在學校教育中對應爲課程類型和分類。

課程設計 意識型態

（一）精粹主義取向

- 美國1893年之《十人委員會報告書》中，建議以傳統學科作為課程的主要概念，就是屬於傳統精粹主義。
- 精粹主義主張目的在傳遞傳統的學術文化資產，觀點包含依照學術研究領域規劃課程、完全諮詢學科專家進行教科書編纂、要求教師依據順序，忠實進行課程。

（二）經驗主義取向

- 進步主義中，部分強調學生學習經驗的學者，主張以學生學習需求與興趣為教育目標來源，即為經驗主義者。
- 經驗主義教育方法重視學生學習活動，強調「做中學」及「問題解決法」，觀點包含學校教師責任在發掘學生興趣、活動內容不能事先硬性規定、師生共同合作。

（三）社會行為主義取向

- 過度重視個人價值的經驗主義忽略社會需求，因此，社會主義以社會問題為核心與社會價值的呼聲漸受重視。
- 社會行為主義啓蒙社會適應與社會重建，觀點包含在現實生活中將個人活動、社會計畫與社會問題重新編制，以及一切科目應以核心課程為主軸，相互聯繫。

（四）科技主義取向

- 科技主義課程設計教育目的乃承襲英國斯賓塞以教育作為生活預備的主軸，透過科學方法技術以裝備學生未來生活預備。
- 科技主義主張科學是思考與解決問題的方法，希望透過協助學生提出問題、辨別特定問題、建議可能的解釋、設計考驗解釋的方法、進行相關觀察與蒐集資料並解釋與說明以探究新問題；主要代表為巴比特「活動分析法」及查特斯「工作分析法」。

（五）專業主義取向

- 採教師教學專業主義者重視教師的專業能力地位，強調教育過程「教」與「學」互動的重要。
- 教師專業主義者強調教師教育專業成長與學生整體發展，主張課程設計需落實在教師情境中，希望教師將課程視為教師在教室情境中加以考驗之「研究假設」。

Unit 1-4 課程發展的專業化與科學化

人類自有教育活動，就有課程與教學問題，但不代表「課程」爲正式研究的領域。美國課程學教授克立巴德（Kliebard）認爲課程領域的建立始於1918年，原因爲當時學者巴比特出版了《課程》一書（黃政傑，1991）。此外，美國國家教育研究學會在1926年出版《第二十六輯年鑑：課程編訂的基礎與技術》，也被視爲課程專業化的重要指標。

甄曉蘭（2004）列舉課程專業化與科學化的重要事件如下：

一、社會重建的呼籲與進步教育的困境

30年代經濟大蕭條，使社會重建呼聲更強盛，呼籲重視青少年問題及學校應負起社會改革責任。George Counts與Harold Rugg兩人大力發聲，要求改革課程以改善貧窮階級與少數種族生活情況，並進行社會改革。

Tanner和Tanner（1995）認爲進步教育學會（Progressive Education Association）未能與社會改革運動結合，導致在教育專業的課題主導權被教育政策委員會取代，而進步教育學會則逐漸式微。

二、八年研究的意義與影響

八年研究（Eight-Year Study, 1933-1941）是由進步教育協會進行的高中課程實驗計畫，且在Cremin（1962）、Hemming（1957）與Kohn（1999）等著書中，被認爲是美國二十世紀中最重要且最佳的教育實驗（Kridel & Bullough, 2002, p. 64）。雖然八年研究是高中課程實驗計畫，但卻以放寬大學入學條件爲前提，讓中學和大學合作，發展符合學生興趣與需要的試驗課程，並進行學校本位的評量，以作爲大學入學的依據（黃嘉莉，2011）。

八年研究追蹤評鑑結果後，證實確應爲大學預備合適就學人才，並促進學生多元發展，展現教育評鑑研究的價值，建立更完整的評鑑理論、方法與技術。

三、課程發展原理的形塑與確立

在20與30年代教育界紛紛制定課程指引（curriculum guide）。根據Schubert（1986）指出30年代中期以前，各種有關課程研究之專書已有兩百多本。

以Caswell與同事在1932年協助Virginia州制定課程爲例，以下列系統的問題，協助教師掌握制定課程具體步驟（Ornstein & Hunkins, 1998: 90），問題包括：

1.什麼是一門課程？
2.爲什麼有課程修訂的需求？
3.學科內容的功能是什麼？
4.如何決定教育目標？
5.如何組織課程？
6.如何選擇學科內容？
7.如何判斷教學成果？

Ralph Tyler在40年代集課程理論之大成出版《課程與教學的基本原理》，建構課程分析的四個重要範疇，分別是目標、學習經驗或內容、組織與評鑑，爲日後課程發展與研究奠定重要基礎架構與永續典範。

課程改革 發展簡圖

1918

1918年Bobbitt出版第一本系統化課程著作《課程》，Charters以工作分析法聚焦於人類所需能力並視為課程設計基礎。

1949

1949年Tyler發表《課程與教學的基本原理》一書，建議課程設計從學習者、學校以外生活與學科內容三方面進行規劃。

1956

Bloom等人（1956）提出教育目標分類，作為科學的系統課程設計工具。

1969

1969年Schwab宣稱課程領域偏離真實情境，充斥級數與行為取向，課程領域瀕臨死亡。

1970

Pinar、Greene等人之現象學研究與Apple、Giroux等人將跨領域理論結合，促成再概念化學派（Reconceptualist），成為1970年代以來，批判科學管理理論主要火力，賦予課程新的概念。

1981

Beauchamp（1981）指出課程理論應包含以下命題：課程理論始於定義它的事件的組合，應澄清它做決定預設價值與來源，應說明課程設計特質，應描述做決定過程及內在關係和不斷重建課程決定。

1990

1990年代為後現代課程領域獨領風騷的時刻，關切內容擴充到多元文化、大衆文化、電子媒體文化，延伸到全球化論述。

Unit 1-5 課程設計與發展的重要原則

課程設計與發展包含了五個領域的理論和實務：課程目標、課程選擇、課程組織、課程實施、課程評鑑等。黃政傑（1991）指出課程發展與設計有幾項重要原則，即是學生利益優先、明智抉擇、權力分配、整體、系統、合作依存、改變必然、時代促進、持續、改革並存與課程和人員並重等。吳清山（2012）進一步說明課程發展與設計應注意以下重點：

一、課程設計與發展專業化

課程設計與發展攸關學生學習，必須建立在「專業決定」的基礎上。因此，課程決定專業化，乃成為課程發展的重要課題。課程決定專業化，顧名思義，係指課程決定所進行的判斷和抉擇必須符合學生權益和教育價值。

因此，在課程決定過程中，必須有教育專業人士的參與，當然亦可邀請其他人員參與。在討論過程中，有任何爭議，亦當以專業意見為依歸。惟專業人員的參與中，不能只有學者專家，必須要有現場實務工作者如教師們的加入，有專業人士作為課程決定的骨幹，才能符合專業化的本質。

二、確保學生學習受教權益

任何一項教育政策，背離學生受教權益之保障，將不可能產生教育效果。確保學生學習受教權益，除了重視教育機會均等外，更重要的是實踐「把每一個孩子帶上來」、「教好每一個孩子」的核心價值。課程設計與發展專業化，就是要積極維護每個孩子的受教權益，讓孩子們從學習中獲益。

三、整體與長期原則

課程設計與發展務必以整全的思考進行規劃，在短期、中期考量之外，還得著重心態與方向長期的部分。

整體考量包含師生共同成長應兼顧認知、情意、技能等三個層面，而課程知識體系需整合各學科相關內容，在實施情境方面需結合校內外所有資源。

長期規劃則需依據不同階段的需求，穩重且務實蒐集資訊，務求發展優良且高品質的課程內容。

四、提供不同群體發聲機會

課程設計與發展過程中，除了考量成員專業性外，同時也需聽聽不同人員或群體的意見，尤其是利害關係人（stakeholder）的想法，更是不能忽略有時候專業人員關起門進行決定，會產生決定的盲點，窄化了學生學習，反而不是最佳的課程設計與發展。所以，課程設計與發展專業化，傾聽多元聲音，仍有其實際的必要性。

五、務實與開放原則

課程設計需重視現場的實踐性，而非存在學術象牙塔中進行思考，並應針對各項限制與師生對相關課程的接受程度而定。

在心態上與權力中都應秉持開放態度，以欣賞與接納的理解態度兼容並蓄進行規劃，透過對話分享專業，並能以尊重進行制度的變革。

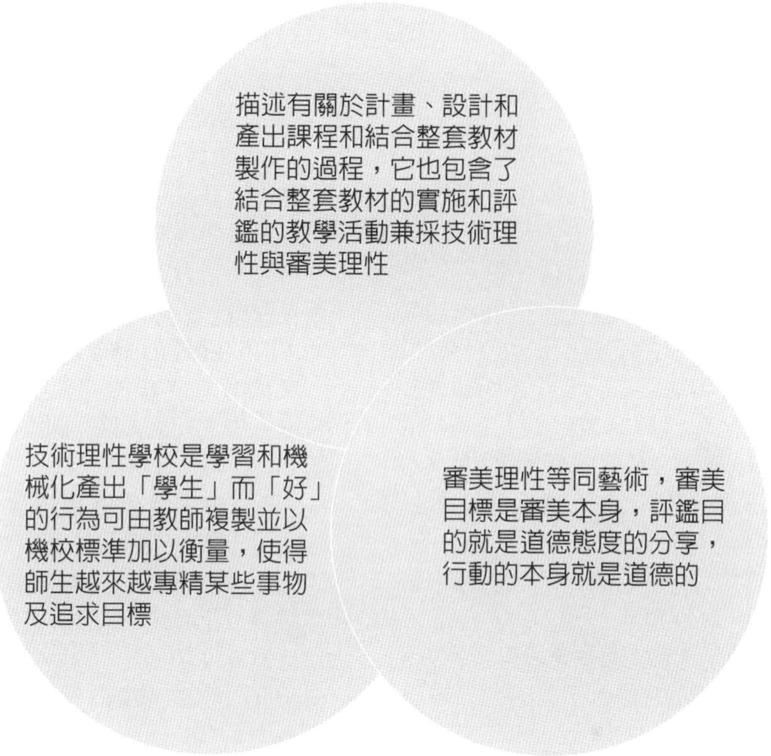

描述有關於計畫、設計和產出課程和結合整套教材製作的過程，它也包含了結合整套教材的實施和評鑑的教學活動兼採技術理性與審美理性

技術理性學校是學習和機械化產出「學生」而「好」的行為可由教師複製並以機校標準加以衡量，使得師生越來越專精某些事物及追求目標

審美理性等同藝術，審美目標是審美本身，評鑑目的就是道德態度的分享，行動的本身就是道德的

Macdonald（1982）課程立論是一種創意的活動，類似經驗研究，先關切問題並激發探究並產生解決辦法，此研究方法特性為運用想像與產生洞見。

Macdonald（1971）課程計畫：

應以邏輯方式開拓學生與文化論述接觸，擴大學習者個人經驗與民主社會的尊嚴與價值，利用研究資料開展個人與社會文化潛能，應使用技術理性。

在教學與學習環境教師應運用審美理性與學生接觸，教師應設計良好學習環境，在教師的學習下，學生經驗是解放的、選擇性的、自我訓練與負責任的，亦即「教學即藝術」。

Unit 1-6 課程目標的重要性與意義

課程目標、教學目標和教育目標三者，在功能和範圍方面有所差異，本質上卻未有所不同。課程目標在整個教育活動中所能發揮的功能很多，以下以泰勒理論爲例，進行課程目標說明，並介紹課程目標分類及層次。

泰勒主張的課程理論，稱爲「泰勒法則」或「泰勒理論」，其中揭櫫課程發展的四個基本步驟：

1.學校應該達成何種教育目的？

2.爲達成這些目的，應提供何種教育經驗？

3.這些教育經驗應如何有效地組織起來？

4.如何確定教育目的達成與否？

課程目標的分類如下：

一、課程目標的垂直分類

課程目標的分類，有垂直和水平兩個角度。就垂直的角度觀之，課程目標包含了一般性的和特殊性的。

二、傑衣斯也進一步解釋課程目標的三個層次

1.**課程宗旨**（curriculum aims）：是對於所期望的生活結果（life outcomes）加以敘述，和學校或教室的結果沒有直接關聯。

2.**課程目的**（curriculum goals）：指學校的結果，可以用來代表某一學校或整個學校系統目的。

3.**課程目標**（curriculum objectives）：指教室教學最切近特殊的結果。

三、課程目標的水平分類

（一）事實、技能、態度

課程目標區分爲事實（facts）、技能（skills）和態度（attitudes）三方面的學習。所謂事實，包含了許多訊息，不管是資料、意見、概念。

（二）主學習、副學習、附學習

我國教育界根據克伯屈（W. H. Kilpatrick）的理論，區分課程目標爲主學習、副學習、附學習三種。

（三）求生技巧的目標、方法目標、內容目標

龍渠（Rowntree, 1982: 62-73）將課程目標分成三大類：求生技巧的目標、方法目標及內容目標。

（四）認知、技能、情意

布魯姆等人（Bloom, Engelhart, Furst, Hill, & Krathwohl, 1956）認爲人類的能力多半可以分爲認知、情意、技能三大領域。認知部分細分爲：

1.**知識（記憶）**：回憶特殊事實、方法、規準、原理原則等。

2.**理解**：了解某一現象，而能轉譯、解釋或推理。

3.**應用**：將通則用到特殊情境之中。

4.**分析**：將溝通訊息所包含的成分或元素，加以排列。

5.**綜合**：將未有組織的元素安排或合併爲有組織的整體。

6.**評鑑**：依照所選擇的規準，評估材料、方法等等。

分科課程與活動課程比較表

（施良方，1999）

課程差異	分科課程	活動課程
認識論	知識本位	經驗本位
方法論	分析	綜合
教育觀念	社會本位論 「教育為生活做準備」	個人本位論 「教育即生活」
知識傳遞方式	間接經驗	直接經驗
知識的性質	學術性知識	現實有用的經驗性知識
課程的排列	邏輯順序	心理順序
課程的實施	重學習結果	重學習過程
教學組織形式	班級授課制	靈活多樣
學習的結果	掌握「基礎知識、基本技能」	培養社會生活能力、態度等

第 2 章

課程發展與設計的意涵與派典

章節體系架構

在課程發展與設計過程中，需先了解其意涵，並掌握過程中人員、層次與範圍。本章透過整個系統因素的釐清，分別分析不同派典的核心概念，如學科取向、社會取向、科技取向、學生取向及專業主義取向等，作為課程設計與發展之參酌。

Unit 2-1 課程發展與設計的意涵

現代所編的「辭彙」對「課程」的解釋為：「課程是指課業的進程，包括進修學業的科目和程序。」（陸師成主編，1982，p.1188）Pinar（2005）依據Aoki（2005）的理論，認為課程不僅是動詞，而是聲音、是敘說、是爵士樂師合奏的樂章。為求奏出樂章，則應從設計的意涵、課程設計與發展的範圍與特性進行了解，分述如下。

設計（design），它可以指人們為了完成一具體事務或工作任務，就其組成部分、步驟和程序等（Pratt, 1980, p.5）。課程設計（curriculum design）其實在課程學界仍無固定看法，用其他的術語如課程計畫（curriculum planning）及課程發展（curriculum development）來說明，當課程被視為是具體物件或計畫時，課程編製的意思就是產生這個物件和計畫。以下針對相關內容進行闡述。

課程發展與設計包含了五個領域的理論和實務：課程目標、課程選擇、課程組織、課程實施、課程評鑑等。

課程發展與設計的特性則如下：

一、課程發展與設計之核心即決策

課程的設計者就是課程的決策者，課程發展與設計的過程中，每一環節都要參與者做決定。

二、課程發展與設計的價值性

課程發展與設計的價值性會表現在四方面：

（一）依價值高低進行決定

重要的與優先的被選擇出來、因為設計者與發展者在評估時認定了它們較有價值所致。

（二）理性客觀決策中的價值。

（三）理性客觀決策本身的價值

當課程發展與設計者一再堅持理性與客觀時，不僅不是不重視價值或忽視價值的存在，反而是一種特定價值的表現。理性客觀決策中的價值：雖然人們企圖展現無偏見的、理性客觀的決策，事實上完全中立的價值判斷根本不存在，仍然存在無法迴避的價值判斷。

（四）價值爭議之妥協與抉擇

任何的決定不僅是反映出特定的價值觀，而且還有極大的價值爭議。因此，任何課程發展與設計本身或其影響皆深具價值性。

在範圍上可區別出廣義及狹義兩種，廣義的課程設計指由決定目標以至對課程進行評鑑。狹義的課程設計近似課程計畫的範圍，亦可區分出兩種型態，其一為指定目標、內容及組織等三大部分，其二是指選擇內容及組織兩大部分（黃光雄、楊龍立，2004）。

課程發展與設計的獨特性則為課程發展與設計的核心，意思是不同的人們依據相近的資料，設計出來的課程將或多或少有差異。

Jackson（1992, p.3）指出，課程多元化定義難免令人感到困惑，然而也因為課程定義的複雜與多元，使得課程具有動態性（Ornstein & Hunkins, 1998: 11）。因此，課程設計與發展的原則應依據範圍不同及相關特性進行規劃，以符應課程的動態性與多樣性。

Banks（1989）多元文化課程發展模式

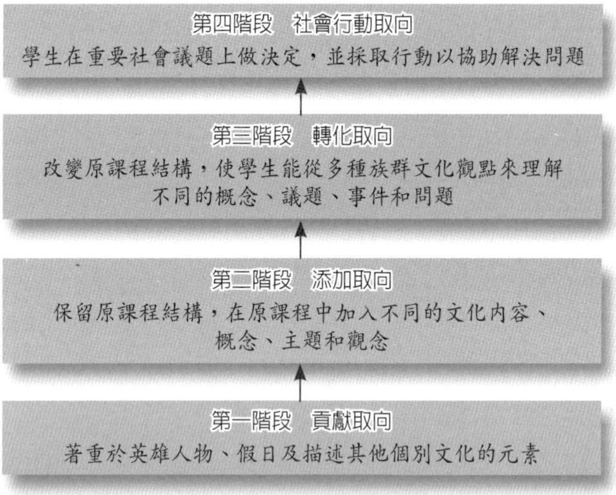

第四階段　社會行動取向
學生在重要社會議題上做決定，並採取行動以協助解決問題

↑

第三階段　轉化取向
改變原課程結構，使學生能從多種族群文化觀點來理解不同的概念、議題、事件和問題

↑

第二階段　添加取向
保留原課程結構，在原課程中加入不同的文化內容、概念、主題和觀念

↑

第一階段　貢獻取向
著重於英雄人物、假日及描述其他個別文化的元素

取向	描述	優點	問題	例子
貢獻取向	英雄、鄉土文化內容、紀念日、或對各族群有關的課程元素增加在紀念日、事件或慶典中。	提供最簡易、迅速的方式，將鄉土、文化內容納入課程中，各族群的英雄人物與主流文化英雄人物，同時並列在課程中。	可能導致對族群或鄉土文化的膚淺了解。針對各族群的生活型態增強對族群文化的刻板化和錯誤印象。	岳母、孟母、秋瑾 泰雅族莫那魯道：牡丹社事件
添加取向	包括添加若干鄉土或族群文化的內容、概念、主題和觀點到課程內容中，但課程結構並未改變。	盡可能將鄉土和族群文化內容添加到課程中，但不改其原有結構。不過因涉及實質的課程內容，需要有師資培育計畫配合，能夠在既存課程架構中加以實施。	增強各族群歷史與文化的觀念學習。學生族群易從我族中心主義觀點，無法了解各族群文化與主流文化乃是相互依存的。	鄉土教材 兩性平等教育的教材
轉化取向	課程的目標、結構和性質已改變，使各族群的學生能從不同的文化、種族的角度來建構自己的概念、主題與論題。	可以增強各弱勢團體的權力。讓學生有能力了解美國多元社會文化形成的複雜因素。避免過於簡化各族群的歷史、文化，允許不同族群團體能從學校課程中，學習自己的風俗民情與文化。	實施此課程取向，需要課程重新修訂，教材的編纂與課程發展需要來自各族群與各方文化的觀點，教師的在職培訓必須制度化且持續進行。	「我們的家庭」介紹不同族群的家屋構造。「卑南族的兒童節」．「哥倫布發現新大陸」的批判觀點。
社會行動取向	學生必須確認重要的社會議題，蒐集適切中肯的資料，並在該論題澄清自己的價值觀，做決策，並在反省思考後採取行動以解決該問題。	使學生能增進其思考、價值分析、做決策與社會行動的能力。促進學生資料蒐集的技能，協助學生發展政治效能的知覺能力，協助學生團體合作的能力。	需要相當大量的課程設計和編輯的準備。在各單元教學易受到某些學校教師和社會人士認為較爭議性的論題或問題影響而有偏失	採取行動進行政策或意題之倡議 參與政策協商聯盟，以具體行動參與相關政策決定

Unit 2-2 課程發展與設計的層次、人員及範圍

課程的決定權交由少數人控管，課程設計缺乏教師、家長、學生乃至社區人員的空間，只能被動的接受、消極的被宰制。Kliebard批評傳統的課程設計對於學生在知識學習中的滿足感與喜悅感都被剝奪了，學習的旅途也淪爲無意義的終點追求（歐用生，2006）。因此，進行課程設計與發展時必須考量不同的層次及定義，影響相關決定的人員及範圍，方能規劃妥適的內容。

課程發展與設計的層次，學者們亦提出了七個課程計畫層次，分別是：世界、國家、區域、州、地區、學校和教室（Olivia, 1992, p.56）。

如果依據課程的內涵來區分時，課程發展與設計的層次可以是：目標或企圖之結果、計畫、課程文件與成品、教學等四種。

課程發展與設計者有下列幾類人員：課程發展與設計專家、教育學者、各學科專家、心理學者、教育行政人員、教師、學生等。

課程發展與設計的範圍，依不同指標可區別出不同的課程發展與設計範圍（黃光雄、楊龍立，2004）：

1. 依發展與設計者區分

依人數多寡，可以分成單人及非單人的、依學生參與、依教師參與、依設計師背景、依行政人員、使用者。

2. 依課程發展與設計過程區分

可分成民主式和非民主式的課程發展與設計。

3. 依人員構成的組織區分

依人員歸屬，可以分成官方和民間；依機構組織，可以分成行政單位、學術單位、專業學會及學校。

4. 依學校角色區分

可以分成校外及校內的課程。

5. 依行政與地理層次區分

可分成世界、國家、區域、州省、地方或學區、學校及教室的課程發展與設計。

6. 從課程知識內部的邏輯組織來看

以學科是分科或是統合組織，分成以下五類：

6.1分科課程或稱並列型課程（subject curriculum）

6.2相關課程（correlated curriculum）

6.3合科課程或稱融合課程（fused curriculum）

6.4廣域課程（broadfield curriculum）

6.5核心課程（core curriculum）

7. 依主題和議題區分

可分成兩性、人權、多元文化、環保、資訊、安全等。

8. 依課程組織區分

可分成學科課程、相關課程、廣域課程、經驗課程及核心課程。

9. 依課程種類區分

可分成正式、非正式、潛在及空白等。

10.依課程發展之步驟或流程區分

可分成目標、選擇、組織、實施（教學）及評鑑。

11.從課程編製、內在結構及兒童發展來看，可分爲兩大類

11.1學問中心課程（disciplined-centered curriculum）

11.2人本主義課程（humanized curriculum or humanity-centered curriculum）

課程標準與課程綱要的發展史

時間順序	重要事件順序
民國 76 年	取消戒嚴法，開放黨禁、報禁
民國 77 年	教育部開始檢討國小課程標準
民國 78 年	教育部開始檢討國中課程標準
民國 79 年	七縣市聯合主辦「本土語言教育問題」學術研討會
民國 82 年 6 月 28 日	國中課程標準修訂委員會宣示「立足台灣、胸懷大陸、放眼天下」理念
民國 82 年 9 月	教育部修訂公布「國小課程標準」
民國 83 年 9 月 22 日	教育部長於立法院施政報告，準備實施國民中小學鄉土教育
民國 83 年 10 月	教育部修訂公布「國中課程標準」
民國 86 年 4 月	教育部成立國民中小學課程發展專案小組，著手規劃九年一貫課程
民國 86 年 9 月	國民中學鄉土教育正式設科教學－認識台灣、鄉土藝術活動
民國 87 年 9 月	國民小學正式設科－鄉土教學活動
民國 88 年 9 月	教育部公布「國民中小學九年一貫課程總綱」
民國 89 年 3 月 30 日	教育部公布「國民中小學九年一貫課程（第一學習階段）暫行綱要」
民國 90 年	自小學一年級起，逐年實施九年一貫課程
民國 91 年	國民中小學九年一貫課程全面實施
民國 92 年	1 月 15 日台國字第 092006026 號發布語文領域、健康與體育領域、生活課程、社會領域、綜合活動領域、藝術與人文領域
民國 97 年	修正總綱、閩南語以外之各學習領域、重大議題
民國 100 年	修正國民中小學九年一貫課程綱要語文學習領域—國語文及重大議題
民國 101 年	修正發布「國民中小學九年一貫課程綱要」（重大議題性別平等教育、環境教育、資訊教育、人權教育、生涯發展教育、海洋教育）
民國 101 年	教育部訂定「十二年國民基本教育實施計畫」，作為準備實施的依據。教育部規劃於民國 103 年 8 月 1 日起全面實施

（部分內容引自譚光鼎、劉美慧、游美慧，**2003**，頁 **177**）

Unit 2-3 課程發展與設計的系統

Henderson & Hawthorne提出「以教學爲中心的課程實踐」，從課程的設計、發展、落實與評鑑著手，透過實際的研究、教學的想像與批判的檢討，並尋求愼思與理解。學校應該由教師、行政人員、家長、社區、教育專家等人組織課程委員會，以進行分析課程故事，依全國標準發展教學的目的與理論架構，來發展願景，繼而描繪課程圖像。課程圖像實際考量整體面向，可參考黃光雄、楊龍立（2004）針對課程設計與發展系統，說明如下：

一、系統分析

系統分析的原意是針對問題、蒐集資料並發展出恰當的方案供決策者考慮，當方案施行後亦需評鑑並回饋。

系統外之環境對系統的輸入、系統內部之運作內容和過程，以及系統運作成果之輸出，構成我們思考的架構。

課程發展與設計要處理的重要工作將是訂定目標、選擇內容、組織內容、實施與評鑑等五大項。

二、輸入與輸出

（一）輸入部分

輸入部分依課程發展與設計者企圖發展與設計之課程的層次而異；輸入部分之要項：輸入部分我們可以追索影響課程的各項，何者是此次課程發展與設計時應考慮的事項。

課程發展與設計本身，發展與設計完成之時間限制、設計時參與之人力及能運用的資源三項，最需要列入考慮。

發展與設計之課程特性：課程實施之對象及實施的時間是兩項重要的因素。

發展與設計之課程可能受到的影響因素有：史學、哲學、社會學及心理學，同時也被認爲是影響課程設計與發展最重要的四個學科。

（二）輸出部分

課程發展與設計的結果可視爲課程系統的輸出部分，因此，輸出部分之決定，要視設計者企圖設計出何種品質的課程而言。

輸入	維持系統的內容與過程	輸出
教育基礎 社會特徵 人格 課程經驗 由學理而來的科目與其他 社會與文化價值 學校規章	課程過程：選擇範圍 人員甄選 選擇與執行工作程序： 決定課程目標 課程設計選擇 計畫與撰寫 建立實踐程序 建立評鑑與修訂課程的程序	課程 增加參與者意識 改變態度 信任行動

系統分析架構圖

教育理論之實徵論、詮釋論、批判論三典範及二元性之價值哲學解析

不同科學典範採取不同理論視野，而產生理論之間的抗衡，評估這些後設規準的建立，使得科學方法論同時兼具「規範性與描述性」性質。

「價值」的討論範圍涵蓋科學、藝術、價值三位一體（經驗科學：具體存在；形上學：倫理美善的欲求—思考、感受之差），最終價值判斷來自「心靈」。實徵論者從邏輯經驗的認識論出發，試圖建構價值中立之理論以與自然科學齊觀，但從價值哲學觀點言，價值與事實是不可一分為二的連續體，價值中立在理論和實踐上皆不可能。

教育事實乃師、生、社會價值體系的互動關係，故精神科學的教育觀與批判理論正可補救其弊端。三種教育典範的價值預設，對於價值在教育中的地位有不同論見，但基本上皆建基於一種對教育現象的特殊評價上。

	實徵論	詮釋論	批判論
規範性（應然 Sein）	排除由實然導出應然	不試圖建立規範基礎	實然不一定為應然，還需反省政治社會條件等
描述性（實然 Sollen）	實然的世界可以控制、可以單一描述	經驗與規範是相互連結的，應然等於實然	重視主體啓蒙的實然描述
價值與事實	價值與事實分離 價值中立	事實即是一種價值	價值與事實密不可分，甚至導引、改變事實
價值角色	主體情緒的表示	主體間相互價值的交流	價值形成與創造，以促進社會文化
研究趨勢	法則性的認識	意義的實體 體驗的理解	理論與行動為主要核心
評述	實徵導向的教育理論源於主觀價值論，以為價值是主體情緒的表徵，無客觀可言，因而主張排除價值判斷的教育科學，強調事實的研究，謹守價值中立的客觀性	精神科學的教育學者著眼於兩個價值系統的施受與形成之探討，強調教育事實中所有教育關係的整體意義，關係中所有角色的價值觀念是理論的核心	批判的教育學從社會文化價值批判開始，探討如何透過教育關係，促使人類覺醒

資料來源：楊深坑（1988）。《理論、詮釋與實踐》一書中對「教育學方法論的規範性與描述性」之探討。

Unit 2-4 學科取向的派典

黃政傑（1991）提出有四種課程設計的理論取向：學科取向、學生取向、社會取向及科技取向。在學科取向中，說明了學科的概念，指出課程和學科的關係，闡明其中的認知過程發展和學術理性主義兩種觀點。以下針對學科取向相關內容與步驟，詳述如後：

學科取向學者提出教育是以社會傳統的精粹文化爲媒介，對下一代實施嚴格的心智訓練，偏重傳統的學術精華之注入，將科學知識傳遞給下一代。課程設計重視完整的知識體系，分別有以古典學科之讀寫算與拉丁文及現代學科之英語與數學等兩大類不同觀點。

傳統學科學術取向，重視「課程即科目」的課程意義。學科取向的理念以協助學生獲取學科領域知識爲主要目的，進行課程編寫需掌握各學科的本質，並將相關知識納入課程內容。

黃政傑（1991）說明學術理性主義的最佳代表人物是赫欽斯（R. M. Hutchins），他擔任芝加哥大學校長時所設計的大學課程，採用人類的偉大著作作爲基本教材，探討人類的基本問題，產生專書著作。認知過程概念最佳代表是布魯姆（Bloom et al., 1956）的認知領域教育目標分類法，其中指出記憶、理解、應用、分析、綜合、評鑑六層次的思考形式，作爲認知領域的教育目標一點也不感到愧疚。

學科取向的課程中，有怎樣的教學過程就會出現怎樣的學習內容，常用的教學法爲解說（exposition）和探究（inquiry）。觀念不斷被陳述，以利理解，各學科都建立相關的知識體系連結並有助於學習者進行學習。

由於每一學科獨立存在，學習理論是多元的，並無放諸四海皆準的統一做法。

學科取向的課程評鑑層面有課程內容及課程材料，學科專家扮演重要的角色。對於學生的評鑑，旨在了解學生的學科知識，經常採用常模參照方式。

然而，Pring（1976, pp.100-101）在其《知識與學校教育》一書中，以學生角度爲出發點，指出學科中心取向課程的缺點，包括：(1)忽略學生前置經驗、理解的程度及個人對事物的概念；(2)忽略學生的興趣；(3)課程活動對學生個人的關懷與心智的劃分過於明顯；(4)抑制師生之間的親密關係；(5)廢止有價值的探究，只因爲不隸屬於學科範疇；(6)不斷轉換學習科目內容的注意力，導致學習上的困難；(7)無法調和實用與跨領域之間的議題，如生涯建議、性教育或時事；(8)未提供與未教內容之間的連結及相關科目間的關聯；(9)組織缺乏彈性，包含時間與空間及所意圖的活動（如戶外教學參訪）；(10)從基礎到進階間的運作轉換過大；(11)不鼓勵學生個人自發性學習（引自甄曉蘭，2004，頁191）。

本取向優點包括：(1)學科專家編輯課本，論理組織嚴謹、內容眞實可靠；(2)缺乏創造力的教師有一定的課程教學規範。缺點則是：造成師生依賴教科書內容，缺乏活潑的教學創意。

布魯姆教學目標分類 (Bloom's Taxonomy)

知識向度 The Knowledge Dimension	認知過程向度 The Cognitive Process Dimension					
	記憶 Remember	理解 Undersatnd	應用 Apply	分析 Analyze	評鑑 Evaluate	創作 Create
事實知識 Factual Knowledge	列出 List	摘要 Summarize	分類 Classify	順序 Order	排序 Rank	組合 Combine
概念知識 Conceptual Knowledge	描述 Describe	說明 Interpret	實驗 Experiment	解釋 Explain	評估 Assess	計畫 Plan
程序知識 Procedural Knowledge	列表 Tabulate	預測 Predict	計算 Calculate	分辨 Differentiate	結論 Conclude	組成 Compose
後設認知 Meta-Cognitive Knowledge	使用 Appropriate Use	執行 Execute	建構 Construct	達成 Achieve	行動 Action	實踐 Actualize

Unit 2-5 社會取向的派典

黃政傑（1991）提出有四種課程設計的理論取向：學科取向、學生取向、社會取向及科技取向，社會取向的理念包含社會適應觀與社會重建觀，兩者都以社會為焦點，然前者強調維護現行社會，後者強調現行社會的根本改革。以下針對社會取向相關內容與步驟，詳述如後：

社會取向分成兩派，一派主張課程應協助學生適應現存社會，另一派主張課程應提升學生的批判能力，培養其建立新目標的技能，以促成社會改變。前者稱為社會適應觀，後者稱為社會重建觀（黃政傑，1991）。

以巴比特活動分析法為例，則是對人類社會活動加以分析，將社會所需要的知識、技能、能力和態度等，作為課程編纂的基礎。

巴比特認為教育的功能在預備個人未來的生活，而人類的生活有許多特定的活動組成，包括了語言、健康、公民、心理健康、休閒、社交、宗教、親職、非職業性及職業性等十大活動。

職是之故，生計教育／生涯教育（career education）乃由學生入學起到畢業為止，教導其了解工作世界，逐漸養成技能，其目的在提升學生對現有工作世界的了解，養成學習的能力和態度去適應工作，不在鼓勵學生思考工作的價值與假定。

社會重建觀的假定有三。第一，現存社會是不健全的，其嚴重程度已到了威脅社會生存的地步，傳統的方法已無法解決社會問題和衝突。第二，處於存亡危急之狀的社會，並非無可救藥，只要能建立新的社會觀，且將它付諸行動，社會仍可重建。第三，教育是社會重建的工具，透過課程的中介，可教育所有大眾。

黃光雄、蔡清田（1999）指出，學習經驗（learning experience）通常是指學習者與其所能反應的外在環境條件之間的互動與交互作用。學習經驗蘊意著學生是主動的參與者，針對環境中有趣的特質而反應。

而且教師可藉由布置教學環境、安排學習情境並引發學習者可欲的反應類型，提供教育經驗（educational experience）。

教育學者 Ornstein & Hunkins（2004）（方德隆譯，2004）指出，設計是一個複雜的現象，要求教育人員謹慎注意，使所構思的課程有價值，並使學生成功地學習這些基本且有價值的概念、態度與技能運用於調整學生的情緒狀況，才能減少情緒困擾學生對教學的影響。藉由社會變動情境中動態與內涵所設計的課程組織與安排，可有效協助學生認識自己所處社會及特性，與在社會中出現林林總總的現況和社會活動，和自有人類生活以來的各項問題與解決之道，有助於延續人類文明生活與民主法治秩序。

本取向的優點是與社會生活密切關聯，教育學者不逃避社會問題。缺點是忽略學習者個人需求與興趣，限制個人自由公平參與社會知識的開創歷程。

巴比特之《課程》與《如何編製課程》之比較

項目	《課程》（The Curriculum）	《如何編製課程》（How to Make a Curriculum）
出版年	1918 年	1924 年
定位	教育史中首本課程專論著述	詳列人類活動及課程目標具體應用價值
摘要重點	1. 指出課程編製以科學方法分析之必要性 2. 提出活動分析法有助於發掘人類生活事物應具備之相關能力、態度、習慣與知識 3. 上述各向度為課程目標來源	1. 具體示範活動分析法在課程編製中所呈現的功能 2. 詳細列舉 821 條課程目標以符應高中教師課程設計需求，有助於課程發展與編製重要參酌
人類社會活動舉例	1. 職業效率 2. 公民教育 3. 體能效能 4. 娛樂職業 5. 社會相互溝通	1. 語言活動：社會的相互溝通 2. 健康活動 3. 作公民的各種活動 4. 一般的社交活動：集會與他人交往 5. 各種休閒活動與娛樂活動 6. 維持精神健康活動 7. 宗教活動 8. 親職活動 9. 專業以外及非職業的日常生活必備技能 10. 個人職業意向內的專業活動
Bobbit 重要思想：在 1941 年以前的核心想法有：教育工程、課程工程、教育即塑造、學校即工廠、學校督導即工程師；教育目的在為成人生活作準備；課程即產品；應用科學原則對人類活動進行分析，並找出課程目標以達成教育功能目標；在 1941 年以後則提出教育的目的是在美好生活，通識教育有其重要性、學校存在之目的為發展學習者心智而非僅是訓練工作能力，並重視西方傳統中古典經集與著作等。		

資料來源：Null, J.(1999). Unacknowledged changes in the curriculum thought of John Franklin Bobbitt. *Journal of Curriculum and Supervision*, 15, Fall, pp. 35-42.

Unit 2-6 科技取向的派典

黃政傑（1991）提出科技取向的理念，強調科技在教育上的利用，一為系統使用各種媒體和器材作為學習過程的一部分，二是將科技的概念融入課程發展程序中。以下針對社會取向相關內容與步驟，詳述如後。

科技取向派典強調科技應用，主張客觀系統化的課程設計程序。代表人物蓋聶（Gagné, 1968）指出，教育科技的觀念不等於硬體，更重要的，它是指一套系統的技術和實用知識，用來設計、考驗及操作學校教育系統。

蓋聶將學習結果分為五大項：心智技能（intellectual skill）、認知策略（cognitive strategy）、語文知識（verbal information）、動作技能（motor skill）、態度（attitude）。

蓋聶認為學習結果就是教學目標，即教師要教給學生什麼或學生要學習什麼。學習條件分為內在條件和外在條件。所謂內在條件是指學習者的先備能力；外在條件主要在於環境的控制與安排（黃湃翔，1996）。

另一種代表科技取向派典則為史金納（Skinner）提出之編序教學法（program teaching），編序教學最重要的工作是「編序」，也就是將原屬課本式的教材，依順序改變為編序教材，以便實施編序教學。從編序教材到編序教學所根據的原則和學習心理學原理，可分為以下五個項目：

第一為掌握起點行為（開始學習時，學生既有的先備知識或技能），並在練習之後評估學生的終點行為（經過練習之後，學生能學到的是什麼）。終點行為需要敘述具體明確，終點行為可以視為行為目標。

第二是將教材所訂的整個教學單元，細分成很多小單元，並按各小單元的邏輯順序，依次編列，形成由易而難的很多層次。

第三為在編序中的每一個小階段，代表一個概念或問題，每一個問題需預先確定正確答案。前面一個問題的答案是學習後面第二個問題的基礎，第一個與第二個問題的答案是學習第三個問題的基礎，就像登階梯一樣。

編序教學法之設計是根據史金納有名的操作制約學習理論中連續漸近法原理而來。

第四步驟是在編序教材採用原則為可以採測驗卷的形式，也可做成其他形式，以便於使用教學機。對每一問題的回答，可採用填充、是非或選擇方式。回答之後立即出現正確答案，使學生從立即回饋中掌握是否學習正確或錯誤。編序設計的另一原則是根據史金納操作制約學習理論中的後效強化原理，讓學生在學習成功時能獲得增強與肯定，以利下一次學習。

第五個項目重點為編序教學之實施是一種個別化教學方式，讓學生自行掌握練習進度，避免壓力。最後是編序教學重點，基本上是想讓學生在自動的情境下，每個人均能確實學到預定要學習的知識或技能。

Schiro（1978）指出編序課程的設計將科技取向的理念，納入社會效率理念中，認為社會效率理念所設計的課程，可稱為編序課程（program curriculum），注重課程內所有活動順序的編排。

編序教學與個別化教學之比較

教學法	編序教學（programmed instruction，簡稱 PI）	個別化教學（individualized instruction）
意義	編序教學是將操作制約原理應用在人類學習，將教材按照程序，編成許多細目，以便學生自習的學習方式	指在大班級教學情境下，針對學生個別差異與個別需要而實施因材施教的歷程
呈現方式	書本式（textbooks） 卡片式（cards） 教學機（teaching machines） 電腦輔助教學（Computer Assisted Instruction）	適應需要學習計畫（PLAN） 個別輔導教育模式（IGE） 個別處方教學（IPI）
類型	依學生作答方式：1. 固定答案型（constructed-response program）；2. 多重選擇型（multiple-choice program）。3. 依教材設計，根據 Brewer 的分類（沈翠蓮，2003）：(1) 直線編輯；(2) 分支編輯；(3) 綜合編輯。	電腦輔助教學的類型：1. 練習模式；2. 家教模式；3. 模擬模式；4. 遊戲模式；5. 發現模式
實施要點	1. 教材編排者，需先熟悉整個教材內容，找出具體的終點行為。 2. 根據終點行為，分解成許多中介的步驟或細目。 3. 將這些細目分布均勻，使學生對所學內容完全精通。 4. 每次只要求學生作出一個反應。 5. 連接細目時，需使前後細目緊密關聯。 6. 擅用消弱技巧，協助學生牢記所學內容。 7. 利用既有的增強呈現方式，選擇個體的有效反應加以增強。 8. 當教材編寫完成後，應藉著實際教學不斷修改。 9. 每個學習單元的大小，應配合學生的反應限度。	CAI 軟體的設計原則： 1. 確立教學目標 2. 確定教學對象 3. 創造交談性的學習環境 4. 強調個別化教學 5. 引起學習者的注意力 6. 提供適當的回饋 7. 評估學習成效 8. 重視 CAI 畫面設計

資料來源：沈翠蓮（2001）。《教學原理與設計》。台北：五南。

Unit 2-7 學生取向的派典

強調學生的需要、興趣和能力，稱為「學生取向」。此取向源於進步主義，以反對「美國傳統教育一精粹主義」。學者強調學生學習經驗的重要性，肯定學生主動參與學習的重要性，重視學生需求、能力與興趣，主張知識是由學習者建構的。學生取向認為教育是生活本身，不是未來生活的準備，設計課程的目的在於幫助學生解決問題。詳細說明如後。

學生取向課程派典也稱為兒童中心、兒童研究、學生中心課程，強調學生個人的意義創造，讓課程適應學生發展。

本取向有許多著名學校，例如：

1.**兒童中心學校**：兒童應共同管理學校，共同計畫及實施課程。

2.**有機學校**（organic school）：課程強調學生現在的生活，而非準備未來的生活。工作和遊戲沒有區別；重視個別差異的存在。

3.**統整學校**（integrated school）：學生的心智、社會、情緒及生理屬性是統一而不可分割的。主張科技整合的方法，認為許多活動可以並行，且自然衍生出另外的活動，結合家庭生活和學校生活。

4.**夏山學校**（Summer Hill）：採取人本主義教育，以適應學生需求為辦學宗旨，讓學生自然發展，不刻意給予任何方式教學。包含以下特徵：(1)入學年齡不受控制；(2)不採取一般年齡編班；(3)學校雖有課程，但只為教師而設；(4)學生人數未超過百人且全部住校。

學生取向的課程設計派典重視教育過程中學生經驗的重要性。主張課程即經驗，依據學生興趣決定課程內容結構，強調學生學習經驗的重要性，提供豐盈的成長環境，從協助學生性向與學習環境互動過程中，發展學生的興趣與心智。

本取向認為學生為學習的中心，學生是主動學習者。

重視學生的活動，強調「做中學」與「問題解決法」，重視學生在學習過程中的全面表現。

強調學生本位的課程設計，優點是容易引發學生的學習動機，滿足學生需求，積極參與學習活動。

缺點則是可能流於放任、不重視未來，個人主義色彩濃厚，未能符合社會需求。學生取向的課程設計在課程評鑑兼重學習課程的歷程與結果，評鑑學生達成目標的程度，以及重視預定目標之外的非正式課程與潛在課程的學習制止、規勸並說明之。

學生是主動的學習者，教育人員提供優良的環境及資源，由「傳授」角色，轉為「協助」角色。組織型態是工作單元（跨學科，提供第一手經驗），而非知識的分科。學生取向的課程評鑑是為了學生的成長，採用主觀、直接的方法。

Eisner（1994）所指「學校課程、教學和評量方式，無處不蘊含課程實務者的個人內在信念與價值觀」，可替此取向進行註解。

不同類型學生 關於學校課程的意義表

黃鴻文、湯仁燕（2005）

意義向度／學生	課程的價值	課程類別	社會文化脈絡
英國勞工階級的年輕男生	不切實際	心智活動的、非心智活動的	資本主義社會裡中上階級的壓迫
英國黑人學生	沒有價值	背判族群的、非背叛族群的	美國社會白人的偏見與歧視
美國加州印度移民	學科課程能協助順應美國社會	能順應的、會同化的	進入美國社會的機會
畢業就好的美國南部女大學生	讓他們畢業	容易通過的、不容易通過的	追求浪漫愛情的學生文化、來自父權社會的壓迫
追求優異的美國南部女大學生	肯定自己的能力	能表現優異的、不能表現優異的	
向專家學習的美國南部女大學生	獲得職業生涯	能學到知識的、不能學到知識的	
美國 Kansas 醫學院學生	留在學校、學習醫生所需的知識	大課、餵食的課、教授期望的、不重要的	美國社會醫生的尊榮與機會
台灣國中三年級學生	避免老師處罰	主科、背科、聽得懂的、老師會處罰的、老師不會處罰的	台灣社會的升學主義
台灣國小補校高級部成人學生（女生）	彌補人生缺憾	有字的、沒字的	台灣傳統父權的壓迫

資料來源：賴淑豪（2007）。價值理論在課程領域之研討，搜尋日期 2015/9/2 http://www.nhu.edu.tw。《網路社會學通訊》第 67 期，2007 年 12 月 15 日 www.nhu.edu.tw。

Unit 2-8 專業主義取向的派典

黃光雄、蔡清田（1999）注意到上述四種課程取向都忽略了學校教師的專業角度的探討，於是又提出「專業主義取向」，強調教學歷程中，教與學互動的重要性及重視教師的教育專業能力地位。說明如後。

社會現場的生活中，知識是無法有效且精準地切割區隔，例如「學科取向」的課程教學中，教師仍得運用引發動機的媒材或視聽內容提升學生學習興趣；強調「學生取向」的課程設計得考量教材與教材之間的關聯性及學科內容的邏輯性，彼此之間重視的聯繫與整合。「社會取向」與「科技取向」亦都重視「主題」與「核心概念」，可知，專業主義取向常被運用在教學實務中。

本取向課程強調教學與學習者的動態歷程，重視引導學生認知發展，協助學生學習探究，促進類化遷移。此外，在重視教師的教育專業能力地位，強調教育過程當中，教與學互動的重要性，主張學校教育的課程教學，強化學生的認知發展歷程。

課程主張的立場部分則是教師「專業主義」教育理論取向的課程設計，強調「課程即研究假設」，主張課程是一套有關教學程序的理念說明，有待教師在教室教學情境中加以實地考驗，以驗證教育理念是否具有教學的適用性與學習的實用性。學科專家透過專業知識，提供教師教學所需的課程材料，但不能硬性規定教師的教學方法。

專業主義取向利用「教師即研究者」的途徑設計與發展課程，希望教師將課程視爲有待教師於教室情境中加以考驗的「研究假設」，課程以矛盾的社會爭議問題爲中心，鼓勵學生界定自己企圖追求的問題，教師提供所需的材料與指引，提供機會去分析、處理、分配、評鑑。

這種教學專業的課程理念，並不是侷限於「學習經驗」、「學科知識」、「預定目標」、「社會理想」或教師的教學「研究假設」，而是以學校教師「專業主義」的課程設計理念，以教育專業知識爲依據。

課程評鑑在於重視教育的教學動態歷程，啓發師生應用教育知識問題的本質作爲學習媒介，引導學生的質疑思辨與批判態度，進而增進教師與學生的認知、情意與技能的發展。強調學生學習過程的重要性，因爲學生的學習行爲結果是無法精確預先測量的。

Tchudi和Lafer（1996）對統整課程與分科課程比較

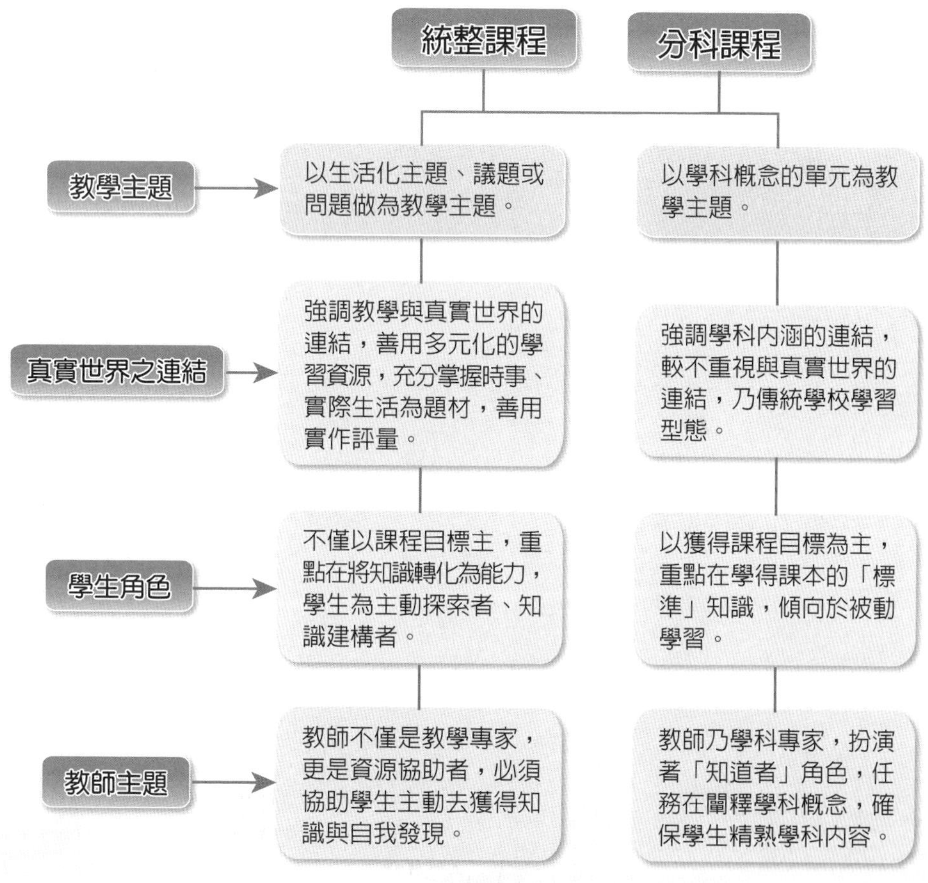

資料來源：李坤崇（2000）。〈統整課程理念、設計與評量〉。《統整課程理念與實務》，pp.77-83。心理出版社。

第3章 課程設計模式

章節體系架構

黃光雄、楊龍立（2004）在《課程設計：理念與實作》一書中指出，模式是指真實運作之縮影，由模式中反映出真實運作的重要精神、理念、程序、步驟、結構等問題。教師設計影響學生學習經驗之課程過程中，勢必面對課程理念、程序、步驟、結構等決策選擇，因此需要統整上述決策選擇之整體架構的參考。本章將先介紹模式的意義與應用，陸續針對目標模式及其代表泰勒模式、過程模式、情境模式與實踐模式，逐一說明介紹。

Unit 3-1 模式的意義與應用

所謂模式是一種有目的、有組織及有系統的過程，可重複應用的方式。模式也可視爲一種概念架構（conceptual framework），屬學理中理論模式的組織系統。模式實際應用係以流程圖、架構圖、概念圖的形式，用以描述、執行、說明各層面的示範性。模式可應用的範圍很廣泛，可應用在教學層面、多元文化層面及教育評鑑層面，簡要說明如後。

一、教學方面之教學模式

教學模式是指把影響教學過程的相關因素，做系統化的處理（張春興，林清山，1989）。Glaser（1965）提出教學活動包括下列四步驟：目標、預估、教學程序及評鑑。Kibler 等人（1978）認爲一般教學模式應包括教學目標、起點行爲、教學歷程與教學評量等四部分。Dick和Reiser（1989）認爲教學模式含括教學目標的確立、教學內容分析、開始的檢查、訂定執行目標、擬定測驗項目、教學策略的制定、教學內容的挑選、各單元評量及整體評量。教學過程的模式包括下列過程：確立目標、引起動機、引起舊經驗、提出教學內容、指導學生學習、展現學習行爲、給予正增強（回饋行爲）、引發新經驗（建構）、評量（包含形成性評量及總結性評量）。

二、多元文化層面之課程模式

Banks（1993）從課程架構改變的情形，提出四種多元文化課程改革模式：貢獻模式（The Contribution Approach）、附加模式（The Additive Approach）、轉型模式（The Transformation Approach）、社會行動模式（The Social Action Approach）。

Grant和Sleeter（1988）提出多元文化教育的五種課程模式，此五種課程模式各有不同的課程目標，包括：特殊性與文化差異模式（teaching the exceptional and culturally difference）、人際關係模式（human relations）、單一族群研究模式（single groups studies）、多元文化教育模式（multicultural education）、社會重建模式（education that is multicultural and social reconstructionist）。

Gay（1995）從課程內容的觀點提出多元文化課程設計的四種模式，此四種模式包括：基本能力模式（modifying basic skill approach）、概念模式（conceptual approach）、主題模式（thematic approach）與文化要素模式（cultural components approach）。

三、教育評鑑應用模式

以本質分，分別有規範性（prescriptive）和描述性（descriptive）。

以內涵眞實性分，則是眞評鑑（true-evaluation）、假評鑑（pseudo-evaluation）和準評鑑（quasi-evaluation）。

以客體分，學校、教師、教育方案，教師有視導、專業成長、教師成就、自我評估評鑑模式的建立。

具體的教育評鑑模式有目標導向、經營導向、CIPP模式、消費者導向、專家意見導向、參與者導向等。

三大課程設計模式比較表

	目標模式	歷程模式	情境模式
代表模式	泰勒課程設計模式	1. 英國「人文課程方案」 2. 美國「人的研究」	1. 史克北「情境分析模式」 2. 羅通「文化分析模式」
優點	1. 承襲各學者的折衷課程立場 2. 合理的慎思探討架構 3. 系統性的課程設計步驟	1. 當學生的學習行為無法加以縝密的預測時，或是當文學與藝術等課程不適用於目標模式時，「歷程模式」的課程設計 因應而生 2. 認為教師如同藝術家一樣，必須被信任並賦予教育專業地位	1. 強調學生處在一種發現自己，並受到許多因素影響的狀態，此狀態和這些因素稱為情境 2. 強調教與學乃是產生經驗交換和改變的歷程：師生交換經驗，學生能力的改變
缺點	1. 技術取向：忽略目標的合理性與意識型態的問題 2. 價值中立：其所採之課程折衷主義反而落入價值中立的窠臼 3. 工具理性：過度強調工具理性，可能忽視人類自主、判斷和創造	1. 必須十分仰賴教師的素質 2. 太強調價值相似性，反而激起價值體系對立，此一模式實在不易推展。因此，「歷程模式」仍應允許有限度的運用課程設計的「目標模式」，因為課程目標在課程設計上是不可或缺的	1. 未能明確地指出如果知識、社會與學生個人興趣等課程要素衝突時，如何取捨 2. 此模式的文化選擇太重視社會需求，忽略學生個人興趣

資料來源：黃光雄、蔡清田（1999）。《課程設計：理論與實際》。台北：五南。

Unit 3-2 目標模式

目標模式係依據現代科技將客觀世界對象化，連人也成爲客觀化研究對象之一；科技主體的哲學更強化「知識即權力」，使權力集中在科技、政治菁英之手；其所標榜的價值中立與工具理性的興趣，產生所謂目標模式的課程設計，最主要的精神在於「目標取向」的理念。目標模式要求課程設計者，由課程目標的建立出發，去設計課程。

黃光雄、蔡清田（2014）指出在整個課程設計過程中，目標模式有學者稱爲泰勒模式或工學模式，其重要的特徵是科學化、理性化、計畫取向。目標導向模式將目標模式中目標的影響力降低、增加課程發展與設計各步驟的自主性及目標裡不再強調行爲和數量的要求。

以評鑑而言，目標模式注重目標達成的評鑑觀點，目標是否達成，爲判定課程成效的依據。

此外，目標模式也包含綜合以下思潮的折衷立場，包括精粹主義、經驗主義、社會行爲主義及科技主義等。另外還有邏輯性、系統性與理性等系統性課程設計步驟等特色。

目標模式屬當前課程領域的顯學，所謂樹大招風，加上理論本身的缺點，面臨了許多批評（黃政傑，1991）：

1.目標模式的精神在於管理與控制，要求績效，忽視了人類解放、自主、思考、判斷和創造的需要。

2.目標模式採取生產的教育觀，學生有如原料，課程有如生產線，學校有如工廠，可能造成教育標準化。

3.目標模式忽視了教育與訓練的區別，將所有教育活動均還原爲訓練。

4.目標模式的目標分類和敘寫方法，遭致不少批評，最重要的是目標不易截然規劃於認知、技能或情意。許多對目標模式的批評並未撼動其優點，那就是理性、合理、邏輯，以及便利。

目標的性質中最受批評的一項是行爲性目標敘寫規範僵化，目標被要求要具有行爲的說明，而且還是外在、具體和明顯的行爲。

目標中有可測，即可觀察之行爲的描述，即是基於方便判斷目標是否達成的評鑑要求而出現。

Ornstein & Hunkins（方德隆譯，2004）進一步剖析說，儘管Tyler課程設計架構雖被批評太重視線性模式，以及太強調因果關係，但是其思想仍受到普遍重視的原因，在於其合理性與可行性，以及在多種情境下的高適用性。

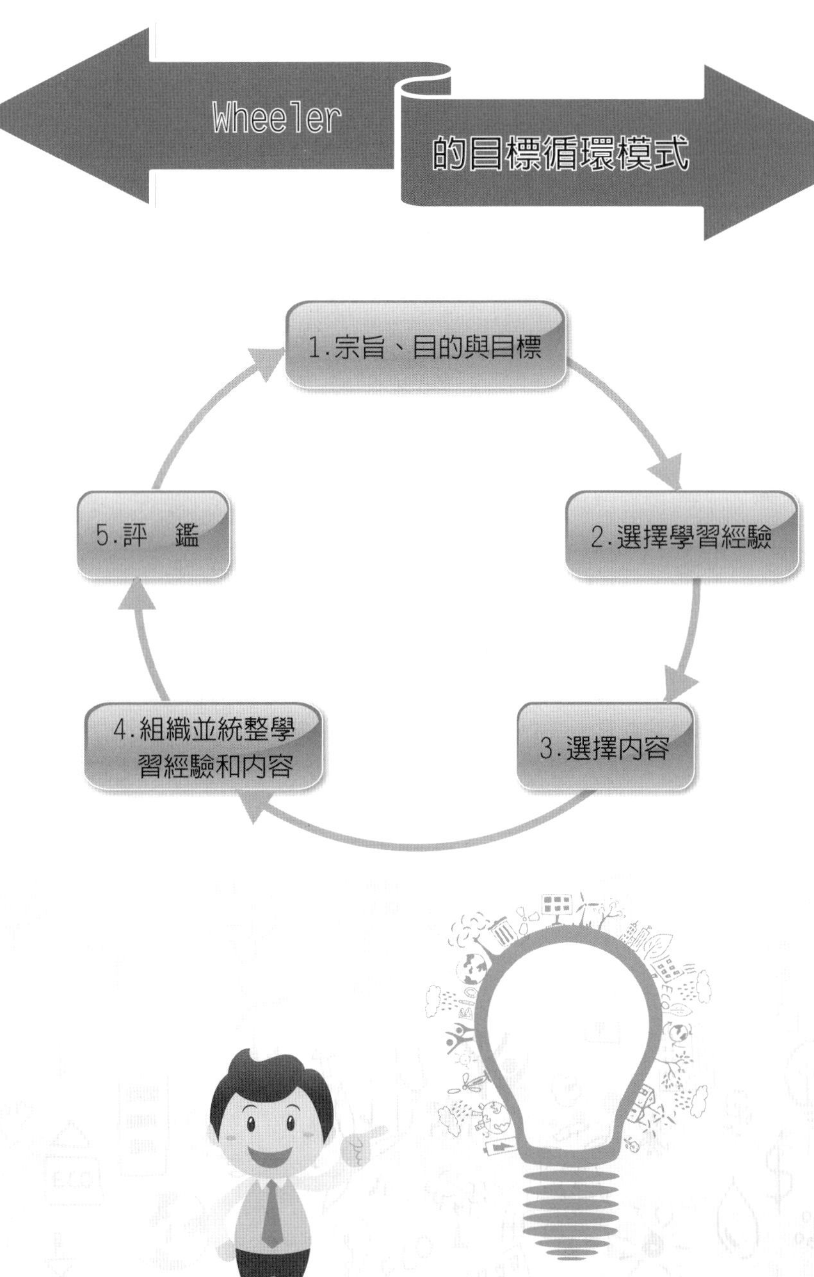
Wheeler
的目標循環模式
1.宗旨、目的與目標
2.選擇學習經驗
3.選擇內容
4.組織並統整學
習經驗和內容
5.評　鑑

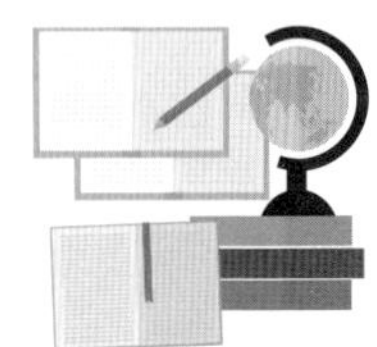

Unit 3-3 目標模式：泰勒模式

泰勒在1949年出版《課程與教學的基本原理》一書，稱爲「泰勒法則」或「泰勒理論」，主要內容包含以下幾點；學校應達成何種教育目的？爲達成這些教育目的，應提供何種學習經驗？這些學習經驗應如何有效地組織起來？如何確知教育目的達成與否？

泰勒「目標模式」又稱爲工學模式、技術性模式、理性計畫模式，其中「一般目標、具體目標與行爲目標」分別有不同定義，分別說明如下：

一般目標：是長期性最後到達的目標；具體目標：是經過某教學歷程後，學生所獲得的特定學習行爲與內容之結果；行爲目標：包括學生行爲、行爲內容、行爲表現標準與行爲情境等特殊條件。

核心重點爲教學者應：(1)具體說明欲達到的行爲目標（終點）；(2)具體說明學生已有的行爲（起點）；(3)設計、實施課程；(4)檢驗學生是否達到行爲目標；它關注的是學生行爲的改變。

優點包括：(1)將課程視爲產品，教學成敗可用較精確的心理測驗和教育測量來檢驗，提供教育成功與否一個明顯的準則；(2)使教師有據可依，課程編製是一個理性的過程。

缺點包括：(1)將目標標準化，消弱教學的目的；(2)「目標模式」將行爲標準化，忽略學生創造性反應；(3)這些具體目標會將學生束縛在預定目標的框架內，阻礙他們向更高的水準努力；(4)易造就一批不管學生是否理解，只求通過考試的教師；(5)會忽視一些無法測量但卻是最有價值的學習結果，如個性、情感、態度等。

事實上，泰勒目標模式之「目標」是否是如此僵化或是不注重情境，尚有文獻上之爭議（宋明娟，2007）。

另一代表爲Lewin以關係式B=f（P×E），表示行爲(B)是個體(P)及環境(E)兩者之間交互作用的函數。其中，「E」既代表物理環境，亦代表社會環境及生理環境，而「P」則是個體的內心、才能、知識等。此兩者的交互作用，造成最後的合力，由此以支配行爲的出現（鄭肇楨，1987）。

泰勒模式的補充——塔巴的課程設計模式要義爲課程設計者的工作，首在確定學生的需求，了解學生的不足、缺陷及其背景；課程設計者應依照所建立的教學目標，選擇所應學習的題材。

此一選擇應同時參考題材或主題本身的效度和重要性。主題或內容確定後，接著應依照學習安排適當順序。

泰勒的「目標模式」雖受到批評，甚至有不少對抗的模式提出，但仍不足以對其優勢構成威脅。因此，課程設計人員在不易採用其他模式的情況下，多遵行泰勒的「目標模式」而行（黃光雄、蔡清田，1999）。

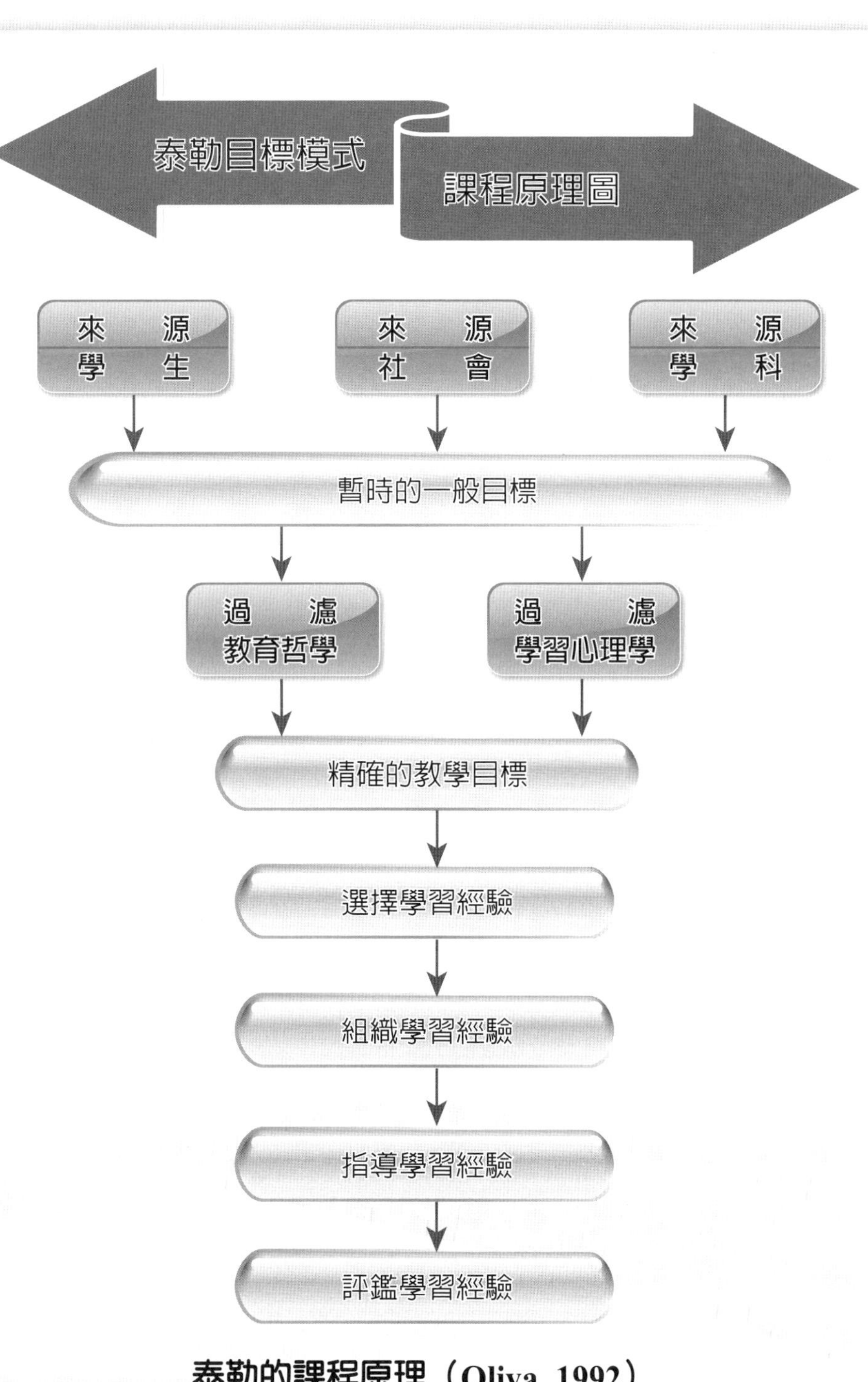

泰勒的課程原理（Oliva, 1992）

Unit 3-4 過程模式

英國課程學家斯騰豪斯（L. Stenhouse）批評當時盛行的「目標模式」，提出「過程模式」，它不以事先確定好的目標作爲編製課程的依據，而是關注整個教學過程，對過程中涉及的變數、要素及其相互關係做持續不斷的評價。

巴斯恩認爲課程設計者不論是否採取目標模式，都應該包含下列階段：(1)建立程序原則：屬於整個課程的通則、屬於特定題材的原則；(2)運用這些原則選擇活動，指引教師課程上的參與。

斯騰豪斯（Stenhouse）引進彼得斯（R. S. Peters）的「程序原則」（principles of procedure）和赫斯特（P. H. Hirst）的「知識的形式」等概念。彼得斯認爲教育活動的價值，展現在教育過程中，透過澄清具有價值的活動，讓教師不斷反思其所隱含的價值，發展教學的理解及判斷力；「程序原則」是教師根據對情境的理解，以發現或研究爲基礎所進行的教學。

過程模式具備以下的特色：強調教育的方式與教學過程、重視學習者的主動學習與教師的專業思考、建立明確的教育歷程原理與教學程序原則等。

過程模式重視學習者的主動學習與教師的專業思考，需要不斷研究和探索。過程模式設計的選擇原則如下（黃繼仁，2010）：

1.學生有選擇及反省其後果的機會。

2.使學生主動學習的學習情境。

3.學生獨立或合作地探討觀念、問題或應用心智的過程。

4.接觸具體事物（實務、材料或物品）的機會。

5.不同能力的學生均能成功完成學習工作。

6.能在新的情境中探討已學的概念、問題或應用心智的過程。

7.探討社會中未探討或不探討的主題。

8.提供學生冒險的機會。

9.重寫、演練和潤飾早期努力的成果。

10.應用和熟練富有意義的規則、標準和學問。

11.給予學生共同設計、實施和分享成果的機會。

12適應學生所顯示的目的。

過程模式與目標模式的相關比較如下：過程模式強調的是目的與手段，即教的過程和學的過程，與其中所包含的知識、活動和問題。更重要的，過程模式設計的課程，相當強調教師的投入，爲了保障課程實施的品質，教師必須是個學習者，和學生一樣求得發展。這和目標模式強調固定標準的學習，使得教師的理解和知識不易增加，是不同的。歷程模式強調教師判斷，而不是教師指揮，對教師能力上的要求也較高。

課程編製不是將教育目的分解爲具體目標，它關注整個教育過程的價值，要學生去思考，就任何問題自由討論，尋找答案。它的缺點是：(1)過程複雜，教師素質很難符合它的要求；(2)沒有具體的行動方式，使人難以掌握。黃光雄、蔡清田（1999）指出，「過程模式」太強調價值相對性，反而易起價值體系對立問題，此模式實在不易推展。

布魯納（J. S. Bruner）

「發現式」教學模式四大項原則

1.最佳經驗配合內在動機

教師進行發現教學時，應先了解學生學習的最佳經驗。最佳經驗是指學生學習需求的取向或問題解決的目的，內在動機是指學生的好奇、好勝、認同、互動和成就感等持續學習的動力。

2.教材結構配合認知結構

無論教材結構的大小，最重要的是能使結構之間有良好的關聯性，此關聯性能配合動作、影像和符號的認知表徵結構，以促使學生的發現能和真實世界的意象、訊息相結合。所以，教材結構配合認知結構是使學生發現矛盾，在進行統一教學歷程中，發現屬於自己的知識。

3.教材轉譯配合呈現順序

布魯納對此的主張為「螺旋課程」，即課程內容逐漸由簡入深、由廣縮小，層層上升像螺旋般的形狀。在發現教學歷程的設計如同螺旋課程理念，教材轉譯是指將教材轉變成學生可認知的動作、影像、符號表徵結構，呈現順序是指教材呈現的時間、邏輯、對象等順序。透過教材轉譯成學生可接受的知識基礎，再層層日深到新知的理解上。

4.學習策略配合增強制約

學生發現學習策略有直覺思考和分析思考等策略。直覺思考，亦即對客觀事物的細部尚未分明的情況下，對整個事物內隱的覺知，發現有時是一瞬間掌握某種訊息的抽離，有些視覺、聽覺、觸覺或嗅覺較敏感的人，直覺思考之後頗能見微知著。

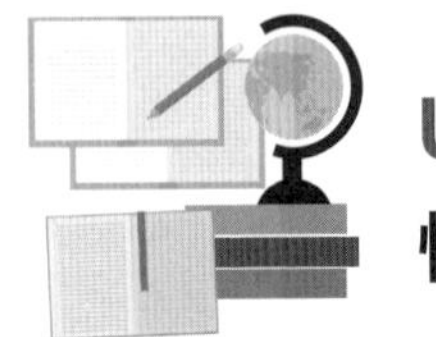

Unit 3-5 情境模式

情境模式又稱情境分析模式或文化分析模式，其基本假定爲以個別學校及其教師作爲課程發展的焦點，本模式的課程設計特色有從文化選擇的角度來詮釋課程，以及進行選擇社會文化素材的決定。以下針對索基特（Sockett）、史克北（Skilbeck）等人發展的情境分析模式，說明如下（黃繼仁，2010）。

索基特（Sockett, 1976）的模式，重點包括釐清課程問題的焦點，係現實而非虛構的內容；蒐集當前課程實踐、影響及限制因素，包括教師、學生及行政人員的觀感和態度等資料；參與者在調查過程中即設計課程的結構，在設計歷程中會再尋找資料、評估已有資料，並將新的資料安排於結構內；若發現當前課程的實踐不盡合理，而引進另類方案會有好處，設計者便會決定轉變，並對不同的課程方案進行討論。在研究原有焦點和蒐集資料的過程，導致設計結構的歷程裡，可能出現新的關注重點，設計者必須處理轉變的優先次序和實施轉變的方法等迫切問題。這些轉變不必一定以目標作爲規劃形式，設計者可透過程序原則內容或結構的不同部分促成課程的轉變。

史克北（Skilbeck, 1984）的模式重點爲：(1)分析情境：外在因素、內在因素；(2)擬定目標：衍生自情境分析、偏重「質」的方面；(3)設計課程方案：含五項要素的教與學方案、符合一般規準的學習工作；(4)詮釋和實施：預測可能遭遇的問題、改變資源與組織機構；(5)評估與評鑑：檢查及溝通的系統、評估計畫、持續評量、廣泛的結果、保存記錄、評量程序。

簡言之，情境模式從文化選擇的角度來詮釋課程，從而進行課程設計，除了重視教師和學生的互動外，也強調環境因素對學習的影響。Lawton（1989）認爲情境模式的課程具體呈現在可以傳遞到下一世代的人類知識、語言、科技、工具、價值與思考體系。

Skilbeck認爲以校爲依據的課程發展才是促進學校眞正改變的有效方法，其著墨學校本位課程發展程序爲：(1)分析情境、進行問題探索與需求評估；(2)形塑學校願景、研擬學校課程發展重點；(3)訂定目標、建構學校課程架構方案；(4)課程方案解釋與實施；(5)課程方案的評鑑與修正；(6)課程方案的推廣。情境模式將課程的設計置於較廣的文化和社會架構中來作考量，認爲課程發展需始自於學習情境和文化脈絡的評估與分析，然後據以設計不同的課程計畫內容。

情境模式與目標模式的教學觀比較

模式 項目	目標模式	情境模式
學習者的本質	◆心靈是世界的忠實反映者 (mirror)。 ◆學習者是知識的容受器 (acceptor)。 ◆學習者是空白的石板，教師可在上面蝕鏤一些訊息。	◆心靈是世界的建造者 (maker)。 ◆學習者是建構知識的行動 (agent)。 ◆學習者是不斷用各種理論探究世界的思考者。
學習情境	◆課程就是目標。教材和活動的設計，採用合理的系統化教學設計進行，以達成既定目標為依歸。 ◆教學設以確認目標為先，以具體、可觀察、可測量等規準，詳細分析預期行為表現。 ◆採由部分到整體的方式呈現，強調基本知識。 ◆堅守固定的課程。 ◆教學活動的發展，高度依賴教科書和習作。	◆課程就是經驗。教學設計旨在營造師生互動、探究和思考所需的教與學情境。衡量學生的「潛力發展區」，設計足夠豐富、複雜且蘊含多層次、多角度意義的學習情境，以允許學生自由創造，產生各色各樣的學習結果。 ◆教學設計不一定要事先確認預期的學習結果，而是傾向於指出教學活動的發展方向、教學重點或情境的安排。 ◆採由整體到部分的方式呈現，強調大概念和學習任務。 ◆因應學生的反應，調整課程。 ◆教學活動的發展，重視第一手的原始資料，以及操作性、互動性的材料。
教學與評量	◆教學是分割成數個系統化步驟或要素的過程。 ◆教學的發展是線性的，以達成既定目標為鵠的。 ◆學習評量和教學分開，而且經常是採用測驗的方式。 ◆評量是評價學習結果的優劣。	◆教學是統整的、各項要素交融成統整的過程。 ◆教學的發展是辯證的，以環繞主題的方式展開。 ◆學習評量和學習活動密合成一體，而且經常透過真實性活動和評量進行。 ◆評量是讓學生自省和校正學習進展的過程。
教師角色	◆教師是教學設計的忠實消費者和執行者。 ◆教師的主要工作在做周詳的教學計畫，並忠實貫徹之。 ◆教師通常以指導的方式，引導學生表現的學習結果。 ◆教師以正確答案，來評價學生的學習是否有效。	◆教師是教學設計的詮釋者、批評者和再創造者。 ◆教師的主要工作在營造學習環境，並引導學生關注情境或問題解決活動中的重要面向。 ◆教師會鼓勵和接納學生自主和自發性的表現。 ◆教師不急於評價學生的答案，會進一步探求學生的觀點，了解其現有的概念，作為往後單元教學的參考。

資料來源：陳麗華（1997）。〈情境模式的教學設計〉。《教育資料與研究雙月刊》，18，pp.26-34，檢索日期：2015/8/25
http://ed.utaipei.edu.tw/academic/file/hua/%E6%83%85%E5%A2%83%E6%A8%A1%E5%BC%8F%E7%9A%84%E6%95%99%E5%AD%B8%E8%A8%AD%E8%A8%88%201.pdf

Unit 3-6 實踐模式

實踐模式特別強調在課程計畫或決策過程的深思熟慮功夫，以美國學者許瓦布（J. J. Schwab）的實用課程觀點與Walker的自然模式爲代表。實踐模式主要包含三個成分：課程的立場（platform）、愼思過程（deliberation）及設計（design）。「立場」到「設計」之間，有一「愼思」過程作爲媒介。

瓦爾克的愼思源自於許瓦布，瓦爾克指出課程愼思的重點工作：第一，課程發展人員必須找出決定點；第二，他必須在這個點上形成各種可能的變通方案；第三，他必須考慮各個變通方案的優缺點；第四，他必須仔細衡量，作出選擇。

許瓦布的「實踐模式」主要是針對傳統「理論的」課程探究模式提出的。他認爲「傳統的」課程領域一直盲目地依賴課程理論，使課程處於死氣沉沉的狀態。許瓦布的「實踐模式」認爲不應只以一種課程理論爲依據，而是要以所有有關的理論爲依據，但並非所有理論皆可直接使用，必須透過「擇宜」，才能成爲課程理論的依據，最有效的決策過程是「集體審議」。

課程的基本要素包括：學科內容、學生、環境和教師。他認爲在課程編製的過程中，要將學術性材料轉換成課程內容，必須同時考慮這四個要素和課程審議小組共同合作才能完成。審議小組由教師、校長、學生、家長、社區代表、教材專家、課程專家、心理學家和社會學家組成，他主張以「由下而上」取代「由上而下」的課程決策模式，決策的重心在地方而非中央。實踐模式認爲課程必須由理論的變爲實用的，再變爲準實用的及折衷的，主張在執行課程發展任務時，必須經由愼思、鑑賞、批評、論證及合理化的過程且是循環不斷改進的過程。「實踐模式」並不是不需要理論的指導，或理論的思考及探究；它反對過分、無根據的依賴理論，希望依照學校的情況，對相關的理論進行分析、選擇；反對大一統的課程理論，追求多元背景下的多元理論。課程決策的過程是「由下而上」，讓第一線的教育工作者——教師，參與課程決策。它的缺失包括：「集體審議」因各人背景不同，對問題難取得共識，最多只能算是一種理想。

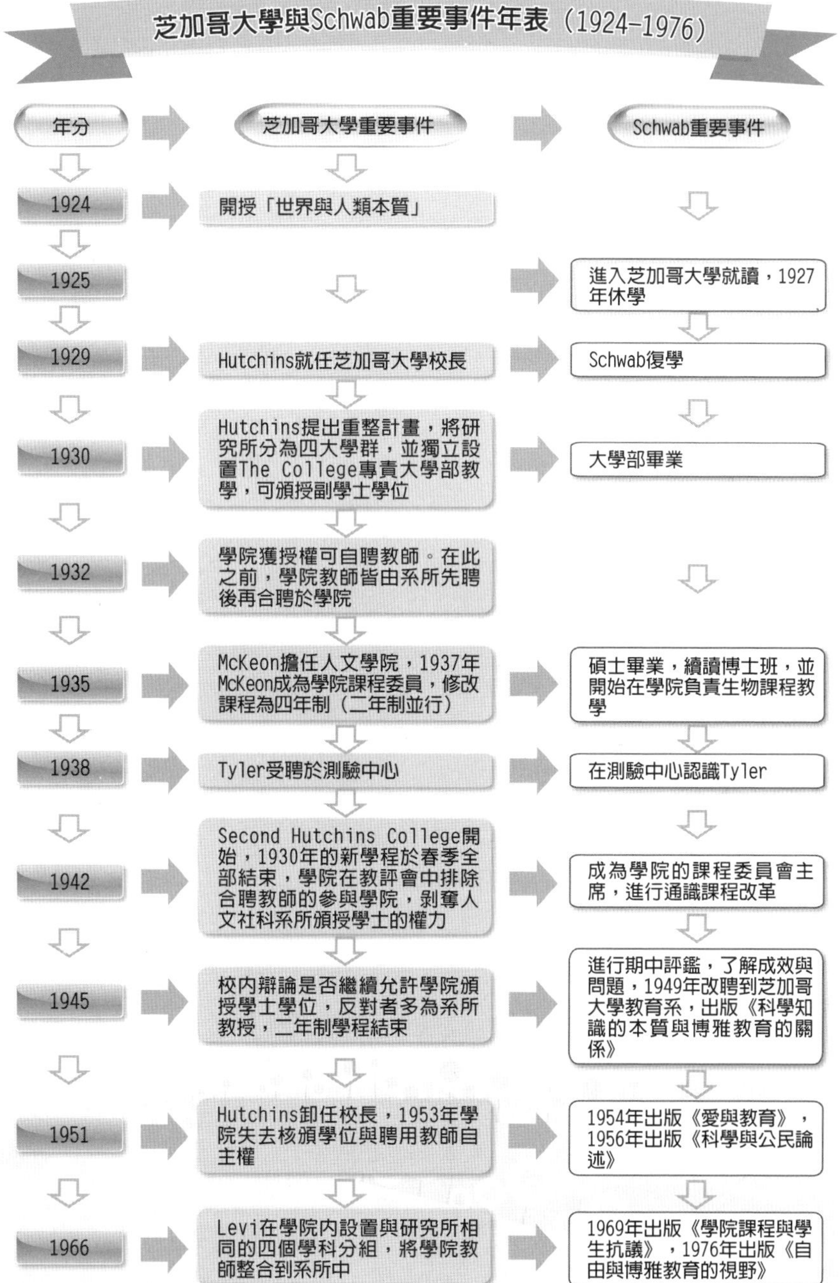

芝加哥大學與Schwab重要事件年表（1924-1976）

年分	芝加哥大學重要事件	Schwab重要事件
1924	開授「世界與人類本質」	
1925		進入芝加哥大學就讀，1927年休學
1929	Hutchins就任芝加哥大學校長	Schwab復學
1930	Hutchins提出重整計畫，將研究所分為四大學群，並獨立設置The College專責大學部教學，可頒授副學士學位	大學部畢業
1932	學院獲授權可自聘教師。在此之前，學院教師皆由系所先聘後再合聘於學院	
1935	McKeon擔任人文學院，1937年McKeon成為學院課程委員，修改課程為四年制（二年制並行）	碩士畢業，續讀博士班，並開始在學院負責生物課程教學
1938	Tyler受聘於測驗中心	在測驗中心認識Tyler
1942	Second Hutchins College開始，1930年的新學程於春季全部結束，學院在教評會中排除合聘教師的參與學院，剝奪人文社科系所頒授學士的權力	成為學院的課程委員會主席，進行通識課程改革
1945	校內辯論是否繼續允許學院頒授學士學位，反對者多為系所教授，二年制學程結束	進行期中評鑑，了解成效與問題，1949年改聘到芝加哥大學教育系，出版《科學知識的本質與博雅教育的關係》
1951	Hutchins卸任校長，1953年學院失去核頒學位與聘用教師自主權	1954年出版《愛與教育》，1956年出版《科學與公民論述》
1966	Levi在學院內設置與研究所相同的四個學科分組，將學院教師整合到系所中	1969年出版《學院課程與學生抗議》，1976年出版《自由與博雅教育的視野》

資料來源：陳鏗任、蔡曉楓（2012）。〈以科學探究精神開展通識教育：Schwab 在芝加哥大學的超越與實踐〉。《教育研究集刊》，58(2)，pp.71-108。

第 4 章

課程組織與選擇

章節體系架構 

課程組織與選擇是課程發展與設計的重要核心，在課程發展與設計的歷程中，如何掌握意涵、選擇課程內容、規劃運用適當課程組織並進而統整相關學習以發揮成效，攸關課程品質的良窳。因此應有效安排以提升教學效果，落實課程理想與實踐相符應的理念，可以配合學生學習潛能與性向，達到最佳的學習狀態。

本章重點在於探討課程選擇的意涵、重要性及課程內容的選擇規劃與實施，內容包括重要課程組織、學科課程、活動課程、核心課程、統整課程的意涵與實施原則等。

Unit 4-1 課程組織

課程組織（curriculum organization）係指將課程各種要素妥善設計與規劃，將不同課程型態與需求妥適安排在相關學習情境中，以增進學生學習效果。尤其重要的是學習經驗的排列、順序和統整，增進相互之間的連結程度以環環相扣，並在各層次的累進學習中促進成效，以達到教育目的。

常見的課程組織要素如下（黃政傑，1991）：(1)概念：陳述具有共同特徵之事、物或理念的名詞；(2)通則：敘述兩個或兩個以上的概念之間的關係；(3)技能：技巧、能力與習慣；(4)價值：人類信念、態度、興趣、鑑賞。

《教育大辭書》對於課程組織的定義如下：課程組織是指學習內容、活動與經驗經過選擇之後，還要有效地加以組織，才能有利於學生的學習。課程組織也稱爲課程設計，是把課程要素，即概念、原則、原理、技能、價值等，作爲組織的要素，而把學習內容、活動與經驗有效地予以安排。有效的課程組織必須符合順序性、繼續性、統整性、銜接性、範圍和均衡的規準。（資料來源：http://terms.naer.edu.tw/detail/1314071/）

順序性指的是課程的「深度」範圍內的垂直組織；繼續性指的是課程組織的「廣度」範圍內的水平組織；統整性指的是課程經驗「橫」的聯繫之水平組織；銜接性指的是課程要素各方面的相互關係，包括水平關係與垂直關係。組織課程也必須秉持垂直組織和水平組織的原則。從事垂直組織時，要注意順序性和繼續性；從事水平組織時，則要注意統整性和水平銜接。課程組織的原則也包含合乎課程目標之由近而遠、由具體到抽象、由簡單到複雜、年代組織、整體到部分或部分而整體、提供不同的學習型式與課程組織的統整等幾項。

課程組織的方法分爲論理組織法與心理組織法。論理組織法依照教材本身的邏輯順序，做有系統的排列組織。論理組織法保持了學科的結構體系，而不考慮教材的難易和學生的需要。心理組織法是以兒童的經驗爲出發點來組織教材，然後逐漸擴大範圍，使教材適合兒童的能力和興趣，而不顧及教材本身的邏輯系統。舉例來說，螺旋式課程的課程組織特性爲依據特定學科概念結構及學生認知發展設計，藉由合乎學科結構的邏輯順序、合乎學生的認知結構與認知發展過程、合乎課程組織的繼續性與順序性的規準，以協助學生發展認知能力，教師可以實際物品或用具提供學生學習，並持續探究其認知發展過程。

泰勒（Ralph Tyler）將結構要素分成三個層次。最高層次是組織型態或課程類型，如科目課程、相關課程、融合課程、廣域課程、核心課程、活動課程。中間層次的組織結構就是把課程區分爲許多領域或科目。最低層次的組織結構即是科目中的單元或課，以及各單元及各課中所包含的目標、概念、原則、技能等。

十大基本能力

<table>
<tr><th rowspan="2">科目／年級</th><th colspan="3">語文</th><th rowspan="2">健康與體育</th><th rowspan="2">數學</th><th rowspan="2">社會</th><th rowspan="2">藝術與人文</th><th rowspan="2">自然與生活科技</th><th rowspan="2">綜合活動</th><th rowspan="2">彈性學習節數</th><th rowspan="2"></th></tr>
<tr><th colspan="2">本國語文</th><th>英語</th></tr>
<tr><td rowspan="2">九</td><td rowspan="6">本國語文</td><td rowspan="6">本國語文</td><td rowspan="6">英語</td><td rowspan="6">健康與體育</td><td rowspan="3">數學</td><td rowspan="6">社會</td><td rowspan="6">藝術與人文</td><td rowspan="6">自然與生活科技</td><td rowspan="6">綜合活動</td><td rowspan="6">彈性學習節數</td><td rowspan="18">融入資訊、環境、兩性、人權、生涯發展、家政等重要議題教育</td></tr>
<tr></tr>
<tr><td rowspan="2">八</td></tr>
<tr><td rowspan="4">數學</td></tr>
<tr><td rowspan="2">七</td></tr>
<tr></tr>
<tr><td rowspan="2">六</td><td rowspan="6">本國語文</td><td rowspan="12">本國語文</td><td rowspan="2">英語</td><td rowspan="6">健康與體育</td><td rowspan="4">社會</td><td rowspan="4">藝術與人文</td><td rowspan="4">自然與生活 科技</td><td rowspan="4">綜合活動</td><td rowspan="4">彈性學習節數</td></tr>
<tr><td rowspan="5">數學</td></tr>
<tr><td rowspan="2">五</td><td rowspan="10">英語</td></tr>
<tr></tr>
<tr><td rowspan="2">四</td><td rowspan="4">社會</td><td rowspan="4">藝術與人文</td><td rowspan="4">自然與生活 科技</td><td rowspan="4">綜合活動</td><td rowspan="4">彈性學習節數</td></tr>
<tr></tr>
<tr><td rowspan="2">三</td><td rowspan="6">本國語文</td><td rowspan="6">健康與體育</td><td rowspan="6">數學</td></tr>
<tr></tr>
<tr><td rowspan="2">二</td><td rowspan="4">社會</td><td rowspan="4">藝術與人文</td><td rowspan="4">自然與生活 科技</td><td rowspan="4">綜合活動</td><td rowspan="4">彈性學習節數</td></tr>
<tr></tr>
<tr><td rowspan="2">一</td></tr>
<tr></tr>
</table>

國民中小學九年一貫課程整體結構圖

Unit 4-2 學科課程

林本、李祖壽（1970）提出學校課程分成六類，分別爲科目本位課程、相關課程、融合課程、廣域課程、核心課程、經驗本位課程；其中，科目本位課程指的就是學科課程，可分成公民、歷史、地理、化學與其他等。此外，1953年美國教育行政人員第31次年刊中所載記的「科目課程」（subject curriculum）指的是學科課程，說明如下。

學科課程是以科目爲單位的傳統課程類型。如中小學學校中的國文、英語、數學等科目，偏重講解、少聯繫、少心理組織之傳統課程學生，爲易獲得系統、深入的知識。

學科課程的特點如下（黃政傑，1991）：(1)課程分類依據學術研究領域的分類：課程設計者需忠於學科領域的傳統和發展，在學科領域有新的研究發現時，就要立即反應在課程內容，每個學科是複雜的集合，隨著不同成長階段而逐漸朝向專精化；(2)教學科目內容的安排順序需依據學科邏輯次序安排：每個學科包含事實、概念、原理、原則與技能，每個內容均應包含邏輯順序；(3)教學科目內容需反應學科的結構與探究方法：每個學科都有專屬結構，教學中均要包含此結構；(4)要強調呈現的技術：學科課程要強調探究方法，就是強調如何發現問題；(5)區分必修與選修：由於個別能力、需要及興趣受重視，教學科目區分爲必修與選修，前者爲共同學習之用，後者爲學生自由選修。

學科課程知識與認知心理學所指涉的記憶、學習與遺忘有密切關聯，爲了解釋記憶系統的運作歷程，認知心理學家提供一個很貼切的比喻，他們將人腦比喻成一部功能強大的超級電腦。人腦的運作模式也是依循登錄、儲存與提取三步驟進行，爲求有效記憶與學習。

舉例來說：現在請你拿出紙和筆，進行以下練習：「想像你正參加一項記憶比賽，其中有一道題目是：請用一分鐘的時間記住以下24個英文單字：you of judge book a flock by its power birds was not day time together Rome feather money in is built knowledge can't cover，一分鐘後請盡可能寫下你記得的單字。」上述測試結果，受試者可能無法完全答對內容，可是如果呈現以下具有五個諺語的內容，便會有助於記憶及學科知識學習：

1.Birds of a feather flock together.
2.You can't judge a book by it's cover.
3.Knowledge is power.
4.Rome was not built in a day.
5.Time is money.

基本大腦運作系統與學科學習相關軸心表

1. 注意	2. 記憶	3. 精細動作	4. 口語語言	5. 文字系統	6. 執行功能	7. 社會／情緒	8. 動機	9. 認知	10. 閱讀	11. 寫作
警覺性	短期	限時操作	音素	編碼	計畫	情意	歸因（內外控）	抽象水準	正確性	寫字
持久性（無干擾）	工作	不限時操作	首尾音	字母	監控	社會認知	目標	推理	字的特定機制（真字）	拼字
持久性（有干擾）	長期		音節	字母群集	組織	互動技巧	策略	解題	字的部件（假字）	作文
選擇性	基模（認知通道）		字庫（語音／語意）	全字形詞彙	管理	教室系統	成功史	建構歷程	速率	
分離性	配對連結（行為通道）		語法	影像	後設認知	家庭系統			理解	
轉移性			言談	字之特定表徵					預測	
									句子運算	
									問答	
									文章記憶	

（引自 Berninger & Abbott, 1994）

Unit 4-3 活動課程

又稱爲經驗課程（experience curriculum）或兒童中心課程（child-centered curriculum），比廣域課程與核心課程更重視學生的直接經驗，以兒童的生活爲課程內容。活動課程以學習者爲中心，教師只是引導者，由兒童自己從直接經驗中去解決其切身生活問題。

古德拉（Goodlad, 1979）曾將課程分成五個層次：

1.**理想的課程**（ideal curriculum）：指課程設計者（政府、基金會、利益團體或個人等）對課程的觀點。

2.**正式的課程**（formal curriculum）：指由權責機構，如教育部、教育局公布的課程或學校本位中學校所決定的課程。

3.**知覺課程**（perceived curriculum）：指教師對課程的覺知、了解、掌握，作爲課程運作之參照。

4.**運作的課程**（operational curriculum）：包括校內、校外任何學習場域中，在教師引導下，實際操作、推進的學習活動、課程活動。

5.**經驗的課程**（experiential curriculum）：指已經輸入學生「心」中的課程，學習成效如何，就看輸入的分量和品質。

活動課程的幾種特性如下（引自黃政傑，1991：273-284）：

1.提供練習目標的活動，使知識發展成態度與價值。

2.達成多種目標。

3.知識發現知識的方法、應用知識。

4.活動多變化：一個目標多種經驗、變化多樣的學習活動。

5.符合學生的能力需要和興趣。

6.可學性和調適性。

可知，活動課程不採分科教學，重活動，不易有系統知識、易忽略目標。

林本、李祖壽（1966）依據霍布金斯之見解，將學校課程分成六類，其中，經驗本位課程指的就是比廣域課程與核心課程更進一步，而特別重視學生的直接經驗，由學生自由的選擇並組織經驗以解決實際問題。

此外，1953年美國教育行政人員第31次年刊中的「美國學校課程」所提及的經驗課程，意指教師與學生在教室中共同計畫一切的課程，也屬於此範疇。李祖壽依據史密斯（B. Othanel Smith）、史塔萊（William O. Stanley）、蕭爾司（J. Harlan Shores）於1957年所提出中小學課程三大類型中的活動課程，其名稱有經驗課程或設計課程，教材並無一定年級順序，教學法爲問題解決法，係杜威所提倡之課程，內涵爲學習係師生共同計畫、教師是顧問與指導者。不重視社會理想，只重視學生個別與團體興趣之滿足。

此種課程企圖培養學生解決個人問題的能力，重視個別差異。無論是經費、行政服務時間、課程規劃與安排，全部都以學生需求回應爲主。

1930年美國加州教育廳教師手冊所載活動課程時間表

1930年美國加州教育廳教師手冊中一個活動課程時間表的形式

時間＼活動＼星期	一	二	三	四	五
8:00－9:15	輕鬆的相見問好，報告、觀察、詩歌、音樂、時事、非正式的活動，以創造一種心境、使獲得愉快有益的一天。				
9:15－10:00	（算術活動）小商店，銀行活動，學用品的處理等。算術科之教材內容極為豐富，一方面訓練兒童各種數的能力，一方面也有團體的及個別的場合，以培養兒童創造力、責任心及合作精神、上下課的時間是有彈性的，教師有實施個別教學的機會。				
10:00－10:50	（健康活動）每天有體育、自由遊戲、營養教學及適當的輕鬆自由的時間；單元「牛乳研究」、「營養餐」等，使兒童知道健康生活之重要並給予兒童以培養社會態度及公民態度之機會。				
10:50－12:00	（語文活動）從富有發表機會的活動裡，如：週會表演、編寫劇本、表演傀儡戲及編輯學校新聞等，以發展兒童口頭發表及寫作的能力以及拼音與書法的能力。此節課要給兒童文學鑑賞及創作發表的機會。此節課時間較長、兒童可依其個別之興趣與需要集中努力以完成其工作。				
12:00－13:00	午餐、休息，及有指導的操場活動				
13:00－13:50	（休閒活動）合唱、口琴、音樂欣賞，節奏練習，管弦樂隊、銅樂隊，其他。	博物研究會、學校博物館、水族池、動物園、花園、其他。	陶瓷、編織及繪畫等之創造性的及建設性的活動。	利用大禮堂之班級性的音樂、舞蹈、戲劇等活動及各種特殊設計。	有關全校生活之各種研究會及委員會舉行會議。
13:50－14:00	自由活動及休息				
14:00－14:50	（小組閱讀：圖書館活動）按學生閱讀能力分班，給予閱讀困難之學生以特殊補救及治療的機會，並使閱讀能力特強學生接受圖書館之指導。此一節之安靜閱讀可給予學生甚多知識，有助於本班之社會的、科學的、健康的或其他的班級活動。				
14:50－15:00	自由活動及休憩				
15:00－15:50	社會研究活動	社會研究活動	自由創造活動	社會研究活動	工廠活動

Unit 4-4 核心課程

核心課程源自於永恆主義，永恆主義提倡者艾德勒（Adler, 1984;1985）認為一個民主的社會應為所有兒童提供相同的教育素養（資料來源：http://wiki.mbalib.com/zhw/），因此建議一個名為派迪亞計畫（Paideia Proposal）的課程。以社會生活為中心，一為「計畫性核心課程」：教師與課程專家共同設計，二為「開放性核心課程」：學習者與教師共同設計。茲略述如下：

通常核心課程係以社會（科）為核心，課程編製以社會問題、社會需要及社會功能為主，課程由師生共同設計，期使學生獲得完整的生活經驗。不同科目之間，選擇某個重要的學科或合併不同學科的課程內容並整合成為一個主要的內容，據此為核心，而其他未整合進核心的其他學科教材則與此核心學科搭配。

林本、李祖壽（1966）依據霍布金斯之見解，將學校課程分成六類，其中，核心課程指的就是在廣域課程基礎上，為求使教育內容發揮統一性，將價值之中比較重要的部分當作中心，其他部分當成周邊與中心相聯繫。

此外，1953年美國教育行政人員第31次年刊中的「美國學校課程」所提及的核心課程則有時指必修科或者是廣域學科，或者是指師生相處時間比較長的學科，或指師生共同規劃的學科，課程的主要特點為重視社會需求及生活中心，它反對科目中心課程，也反對兒童中心課程，核心課程主要目標在重視家庭生活的各個面向，諸如飲食、意外事件等，因此期盼學校負起責任以保持民主理想。

李祖壽依據史密斯（B. Othanel Smith）、史塔萊（William O. Stanley）、蕭爾司（J. Harlan Shores）於1957年所提出中小學課程三大類型中的核心課程，則是在數個科目之中選擇幾個比較重要的科目，並且加以合併成為廣泛的科目，例如英文與社會合併的核心科目，以社會問題、社會需要及社會機能為課程組織的基礎，依據不同年級順序進行教材編排，採用問題解決法。由師生共同計畫課程，學生自由度略小於活動課程，利用學生的學習興趣作為學習動力，企圖培養學生處理或解決社會問題的能力，使其成為民主社會有效率之公民，學校成為社會重要的工具。

一個小型實施核心課程的初中日課表

節次＼課程＼星期	一	二	三	四	五
1	核心	核心	核心	核心	核心
2	核心	核心	核心	核心	核心
3	特殊興趣	特殊興趣	特殊興趣	特殊興趣	特殊興趣
4	午餐	午餐	午餐	午餐	午餐
5	核心	核心	核心	核心	核心
6	核心	核心	核心	核心	核心
7	課外活動	教師計畫及會議	課外活動	教師計畫及會議	課外活動

每日上課節數

初一						
初二						
初三			（核心	或		
高一				共同		
高二				學習		
高三	（特殊				科目）	
大一		興趣				
大二			領域）			

Unit 4-5 課程選擇的意涵及重要性

課程選擇的對象與流程對象分類，需先掌握課程成品或非課程成品、文件或非文件、知識概念或活動經驗、課程樣式或課程內容、潛在課程或非潛在課程、教師教導或學生學習、認知、情意或技能等面向，以下詳細說明之。

課程選擇的不同取向分別有：(1)創造融合取向，(2)修改組合取向，(3)綜合取向等三種。在選擇取向的決定，則需要考量以下因素：設計者心態、設計的條件、設計者能力、設計者權限、目標配合情形、資訊掌握。

課程選擇流程可區分為：

1.選擇工作執行者與需求評估及目標訂定人員重疊。

2.重新檢視影響需求評估及目標訂定各因素的有關資料。

3.並由其中思考選擇時的方向。

4.依2.與3.所列之重點與方向，進行大量的資料蒐集工作。

5.檢視達成目標所需之資料是否有遺漏與不足，若有則特別加強資料之補充。

6.依目標檢視是否有合於目標的現成課程。

7.依學者們建議的選擇原則，將所選出之課程內容加以評估，並且去除較無價值者。

課程選擇的原則與方法層面應考量以下幾個部分：

在教材與媒體的選擇部分有：(1)教材的選擇：需依據課程目的進行教材的選擇、教科書的選擇與媒體的選擇。(2)知識與活動的選擇：在知識概念的選擇中，應該給予學生有實習機會去解決疑難及應對獨立且富有這些方面的學習機會。

應使學生感覺到有興趣，以及適合學生的目的、應顧及學生各方面的平均發展、結果應是適當的行為、應與社會實情相吻合、它的本質應求廣度和深度的平衡發展、應適合學生的能力和他們的自然傾向與含有多方面的活動。

萬寧（Manning）則建議九項選擇內容的準則（李子建、黃顯華，1996，頁253），分別為：效用性、普遍性、最大回報、短缺、難度、生存、適切性、質素、興趣。

泰勒關於學習經驗選擇的觀點，提出應依據五種不同的規準（Tyler, 1949, pp. 65-67）：

1.學生應有機會練習目標中所含的行為及所要處理的內容。

2.學習經驗必須使學生由於實踐目標所含的行為而獲得滿足。

3.學習經驗所期望的反應是在學生能力可及的範圍內。

4.許多特定的經驗可用來達成同樣的教育目標。

5.同樣的學習經驗往往會產生數種結果。

101學年度 第一學期 九年級課程教學進度表（一、二週）

週別	日期	學校行事	領域學習								備註
			語文		數學	自然與生活科技	社會	健康與體育	藝術與人文	綜合活動	學校本位課程
			國文	英語							
一	8/26 | 9/01	8/30開學	第壹單元學習態度第一課勤訓	L1 It Was Drawn by Leonardo da Vinci（2節）	1-1相似形（4節）	第一章：直線運動 1-1時間(2) 1-2位置和位移(2)	第一篇世界風情（中） 第一章西亞與中亞 第二篇世界的歷史（上） 第一章古文明的誕生 第三篇經濟與生活 第一章選擇與消費	第一單元飲食消費新趨勢 第一章全方位飲食計畫 第二單元輕鬆減壓開步走 第四章壓力紓解站（運動減壓）	1-1 名畫動起來 (1) 1-2 悠遊名曲名畫間 (1) 1-3 名畫變裝秀 (1)	1-1-1 校園密碼 (1) 2-1-1 美食掃描 (1) 3-1-1 生涯彩虹 (1)	
二	9/02 | 9/8		第壹單元學習態度第一課勤訓(2) 作文(2)	L1 It Was Drawn by Leonardo da Vinci（3節）	1-1相似形（4節）	第一章：直線運動 1-3速率和速度(2) 1-4加速度(2)	第一篇世界風情（中） 第一章西亞與中亞 第二篇世界的歷史（上） 第一章古文明的誕生 第三篇經濟與生活 第一章選擇與消費	第一單元飲食消費新趨勢 第一章全方位飲食計畫 第二章運動最佳樂園（社區運動資源）	1-1 名畫動起來 (1) 1-2 悠遊名曲名畫間 (1) 1-3 名畫變裝秀 (1)	1-1-2 綠色奇「跡」(1) 2-1-1 美食掃描 (1) 3-1-1 生涯彩虹 (1)	蕭靜文舞團表演

Unit 4-6 課程內容的選擇

課程內容選擇的準則爲基礎性、貼近社會生活、與學生和學校教育的特點相適應；課程內容組織的原則是縱向組織（深度）和橫向組織（廣度）、邏輯順序與心理順序，以及直線式與螺旋式。

課程內容選擇的重要性關乎「何種知識最有價値？」（What knowledge is of most worth?）（Spencer, 1861）。其中，「劍齒虎課程」（The Saber-tooth Curriculum）係由班哲明（Benjamin, 1939）所提出。

他在文中諷刺一個社會，其學校爲了教警覺性，要學生學抓魚；爲了鍛鍊學生力氣，要學生學用棍子打馬；爲了培養學生勇氣，則要學習嚇跑老虎的技巧，然而現今社會溪水乾涸、馬與老虎也在生活中消失殆盡。班哲明用這則故事說明課程應要反映學生的需求和社會變遷（黃政傑，1991）。

課程選擇的來源從社會文化內涵角度而言，則是文化選擇的決定；從學習經驗的角度，則是學習者與環境的交互作用。

從社會學角度分析，吳永軍（1999）指出，課程內容選擇的過程是統治階級意識型態影響課程的過程，期間往往需要政治權利的支撐，並伴隨著價値衝突、各種意識型態的對立和矛盾。

一、權力的選用過程

統治階級在課程決定的衝突中總是居主導地位，他們運用政治權利使自己所擁有的知識合法化爲「客觀眞理」，從而順利地進入課程。

統治階級政治權利在課程決定中的選用，主要表現在對課程計畫、教學大綱、教科書、課程評價體系的控制上。教科書是教學的主要材料，事關重大，因此任何社會的統治階級總是或明或暗地控制教科書的編寫和發行。

二、衝突的過程

由於當代社會參與課程決定的團體日趨增多，各個團體、各個階層都希望在這一過程中扮演重要角色，使自己的文化進入課程中，成爲合法的、普遍性文化，才使選擇過程充滿了衝突、矛盾和鬥爭。

課程內容

「應該教什麼」
「為什麼要教？」

(一) 課程內容即教材

・知識傳遞以教材為依據，課程內容被認為是上課所用教材。

(二) 課程內容即學習活動

・強調課程應對當代社會需求做反應，將活動轉化為課程目標。
・重點是學生做些什麼，而非教材體現的學科體系上。
・注意課程與社會生活的聯繫，強調學生在學習中的主動性。

(三) 課程內容即學習經驗

・強調決定學習的質和量，主動參與的是學生，而不是教材。
・教師建構適合學生能力與興趣的各種情境，為每個學生提供有意義的學習經驗。
・強調知識只能是「學」會，而不是「教」會的。

Unit 4-7 統整課程

傳統的中小學課程均採學科主義，各科目分別設立，單獨教學。由於分科太細、科目過多，橫的聯繫缺乏，縱的聯繫不足，以致教材重複，增加師生負擔。學生往往只學到零碎的知識，課程內容與現實生活脫節，無法學以致用。爲使學生能具備適應社會生活的知能，必須透過課程的統整，選擇與學生生活經驗相關的主題，整合不同科目內容，讓學生進行深入而全面的學習，使學生的學習易於類化、產生意義，能夠和實際生活產生最大關聯，避免造成學習與應用之間脫節（陳浙雲，2001）。

謝金青（2004）在〈課程統整的相關概念與教學單元設計〉一文中提出統整教學單元的設計學習重點如下：

一、教材單元順序的重新組織

以現有教材（或教科書）爲藍本，嘗試設計相同學習概念階梯的統整單元課程。

1.以同一學期的課本內容爲依據，先分析確立其學習概念階梯。

2.兩個科目統整：就兩個領域，相同學習概念階梯中的學習單元，適度調整其單元次序，組織設計新的教學單元活動，並進行教學。

3.大單元課程：就兩個以上之領域，相同學習概念階梯中的學習單元，尋找互相交集之主題，設計大單元課程。各領域教師依大單元進度進行各領域教學。

4.主題活動：就兩個以上之領域，相同學習概念階梯中的學習單元，選擇一個單元主題爲軸心，藉以貫串相關之學習概念、技能或態度，以進行統整課程活動的教學。

二、教材單元內容的修正設計

以現有教材（或教科書）爲藍本，嘗試修改設計相同學習概念階梯的統整單元課程。

1.討論決定某一學習領域爲主軸，並確認其學習階梯之主題、內涵與順序。

2.分析欲修正以達統整之學習領域的學習主題、概念、內涵或元素。

3.以主軸學習領域爲依據，著手修正其他學習領域課程教材的呈現方式、媒介或工具，以使其達到統整之目的，但並不改變其學習元素、知能或概念。

三、統整教材單元的創造設計

依據課程暫行綱要與學習領域能力指標，直接進行統整課程的設計。

1.以分段能力指標的分析爲基礎，向下分析確立主題單元。

2.以分析所得主題單元爲基礎，發展相關領域（兩個或多個）學習活動概念扇。

3.以學習活動概念扇中的概念爲中心，進行相關活動的設計。

課程統整是一種課程的設計，基於打破學科的限制，統整課程的內容，隱含著教師之間互助合作以達課程充分發展的意義，爲師生共同認定的重要問題或議題，並與學校課程及外在社會相關聯，強調知識的應用，使學習與生活經驗經由互相連結而產生較大的意義，充分顯現出課程統整不僅只是將學生的學習內容加以統整，更要學生的學習內容與學習經驗相結合。

創意教學

創意教學的實施與一般教學的差異性相當大，因此教師在使用時必須了解注意事項，作正面的引導，才能發揮創意教學應有的成效。教師在採用創意教學，在學習指導和發問技巧方面，需要隨時注意下列要點（高廣孚，1989）：

1. 學習指導方面

(1) 教師應多提一些開放性問題，避免單一答案或固定答案的問題。
(2) 教師在處理學生問題或回答問題時，應該儘量接納學生不同的意見，減少作價值性的批判。
(3) 教師對學生的錯誤經驗，應該避免指責，以免學生喪失自信心或因而退縮。
(4) 教師在指導學生從事腦力激盪時，要注意運用集體思考型態，引發連鎖性反應，以引導出具有創造性的結論。

2. 發問技巧方面

(1) 多提或設計增進學生「比較」能力的問題或情境。
(2) 多提或設計增進學生「分析」能力的問題或情境。
(3) 多提或設計增進學生「想像」能力的問題或情境。
(4) 多提或設計增進學生「綜合」能力的問題或情境。

Unit 4-8 課程統整的模式與實施原則

九年一貫課程係採「課程發展」，而非修訂的觀點，提出十項國民基本能力，作爲課程設計的依據；重視課程統整，將傳統的學科統整爲七個學習領域，加強合科教學與協同教學；重視學校本位的課程發展，賦予學校和教師許多彈性和自主，由各校成立課程發展委員會及各學習領域課程小組，於學期上課前整體規劃課程和教學內容，以便實施（方德隆，2001）。

劉美娥、許翠華（2000）指出統整課程模式有以下幾種：

一、學科內教材的統整

將各學科的教學目標、教材發展，在縱向方面作一比較分析，研判其層次性、系統性，統整相關教材，掌握各學科基本能力，作爲教材編選之依據。

二、學科間教材的連結

在不同學科領域間，將教學目標、教材內容作一研析，減少學科間的重疊部分，並將輔導活動、鄉土教材納入教學中，以達到學科間的連結，減輕教師教學與學生學習的負擔。

三、學科教材與學校活動的統整

將學校的活動整合於學科活動中，包含學校內各處室推展的活動，及學校外各教育單位推展的教育活動，使活動教育化，教育活動化。

四、學習與生活經驗的統整

將學習內容與兒童生活經驗整合，自個人、家庭、學校、社區等逐步擴展，作有系統、有層次的統整。〔資料來源：劉美娥、許翠華（2000）。國民小學主題統整課程設計初探，http://teach.eje.ntnu.edu.tw〕

陳浙雲（2001）提出課程統整的實施原則如下：

一、學校行政主管應尊重教師的自主權，並提供教師精神與物質方面的支援。

二、學校應發揮課程發展委員會的角色功能，鼓勵全校教師共同參與統整課程之發展，透過學年代表的溝通，得以確保課程縱的連貫；經由科任教師的配合，課程橫向的聯繫也才能落實。

三、課程統整無法完全取代所有學科系統知識，因此教師無須完全拋開教科書，而應善用課本，考量學生的學習情況，配合社會、文化的脈絡，發展統整課程，提供多元化、活潑化的教學。

四、分科課程與統整課程不是對立互斥，而是互補的。分科課程的實施仍可兼顧統整的精神，例如，將數學的學習與生活結合，或將英語的學習於眞實情境中進行有意義的學習等均是。

謝金青（2004）指出，課程的統整是九年一貫課程的基本理念重點之一，但並不是九年一貫課程的全部，課程統整也不應該凌駕所有其他課程組織的原則，而應相輔相成，在教師專業成長的良好環境中，發展學校本位課程，提供學生多元自主的學習機會，創造學校教育的新境界，以完成新世紀的教育目標與理想。

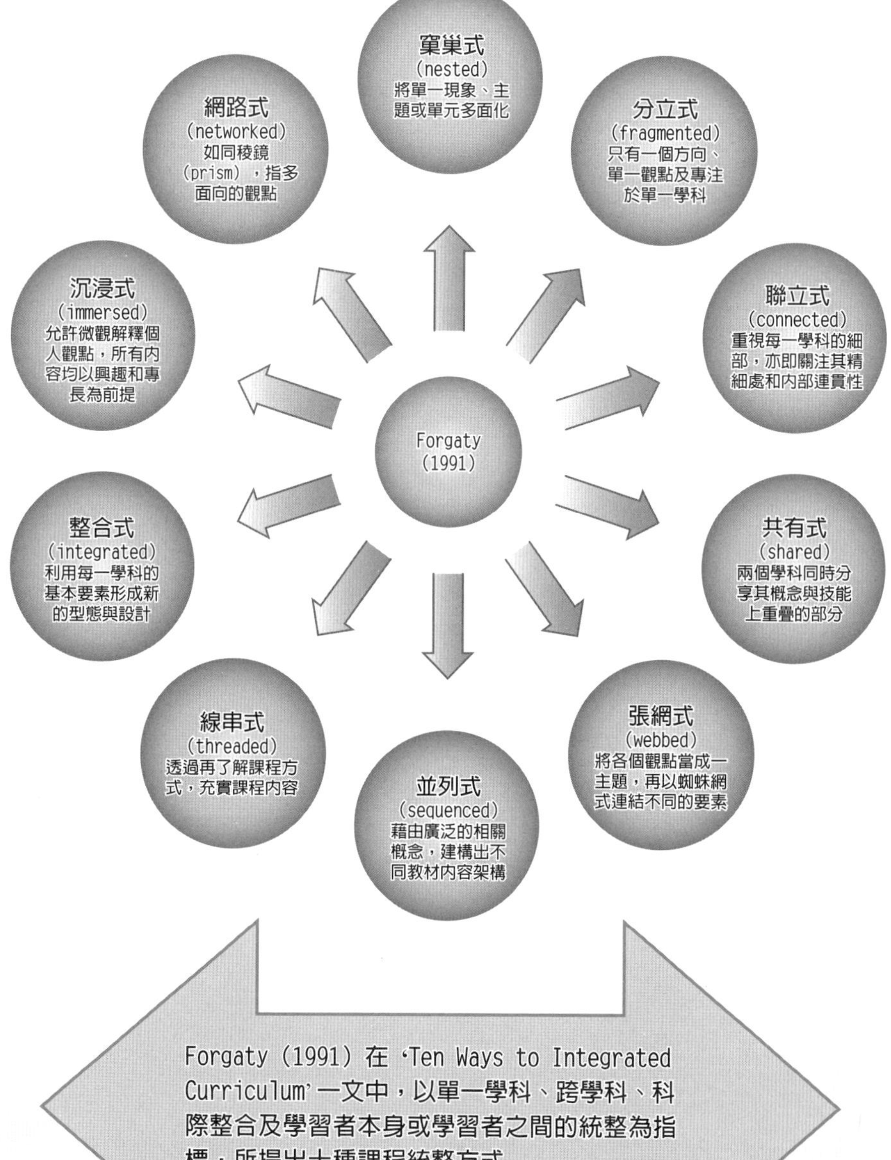
窠巢式
(nested)
將單一現象、主題或單元多面化
分立式
(fragmented)
只有一個方向、單一觀點及專注於單一學科
聯立式
(connected)
重視每一學科的細部，亦即關注其精細處和內部連貫性
共有式
(shared)
兩個學科同時分享其概念與技能上重疊的部分
張網式
(webbed)
將各個觀點當成一主題，再以蜘蛛網式連結不同的要素
並列式
(sequenced)
藉由廣泛的相關概念，建構出不同教材內容架構
線串式
(threaded)
透過再了解課程方式，充實課程內容
整合式
(integrated)
利用每一學科的基本要素形成新的型態與設計
沉浸式
(immersed)
允許微觀解釋個人觀點，所有內容均以興趣和專長為前提
網路式
(networked)
如同稜鏡(prism)，指多面向的觀點
Forgaty
(1991)
Forgaty (1991) 在'Ten Ways to Integrated Curriculum'一文中，以單一學科、跨學科、科際整合及學習者本身或學習者之間的統整為指標，所提出十種課程統整方式

第 5 章 課程實施與評鑑

章節體系架構

課程實施係指把新的課程計畫付諸實踐的過程，焦點在課程計畫於實際上所發生的情況，以及影響課程實施的種種因素。課程評鑑則為研究過程價值，其作用包括：診斷、修正、比較、預測、確定目標達成的程度等。

本章重點在於闡釋課程實施與評鑑的重要理論與策略，兼論課程實施的觀點、層次以及評鑑，提供課程規劃實施與評鑑的實踐策略。

Unit 5-1 課程實施意涵

Fullan & Pomfret（1977）認爲，課程實施是指任何課程革新的實際使用狀態，或者說，是革新在實際運作中所包含的一切。這個定義，主要在區分課程實施與課程計畫的差異，即課程設計時有意達成的狀態，與實際運作的狀態，在意義上不同。Leithwood（1982）認爲任何課程改革，都是屬於課程現狀應如何改變的建議，不管這個建議是全面或片面的：而所謂實施，則是指縮短課程現狀與改革理想之間的差距（黃政傑，1989）。

美國學者塞勒（Saylor）對課程與教學關係的三個隱喻爲：隱喻一：課程是建築的設計藍圖；教學則是具體的施工。隱喻二：課程是一場球賽的方案，這是賽前由教練和球員一起制定的；教學則是球賽進行的過程。隱喻三：課程可以被認爲是一個樂譜；教學則是作品的演奏。

課程實施的本質有兩種主要觀點（=http://ktjx.cersp.com/course1/sKcjj/sKcjs/200705/2.html&usg=ALkJrhg4CU_o2cXk1HDCneaOdkNSGkAWKA，檢索日期2015年10月29日）：(1)課程實施是將預期課程方案付諸實踐的過程：持這一觀點的人認爲，課程實施涉及國家、地方、校區、學校和課堂各個層面，眾多課程學者均贊成此一觀點（施良方，1999；Fullan & Pomfret, 1977）；(2)課程實施就是教學：持這一觀點的學者主要有黃政傑與黃甫全，他們認爲，課程實施內涵是教學，只有當教師在課程方案的基礎上進行教學，課程才可能得以實施。

課程實施就是教學，教師和學生以課程爲中介而展開的活動，便是教學活動產生的適當連結反應行爲教學策略與課程內容的轉化：

1.教學是指教師以適當方式促進學生學習的過程。

2.教學策略是指教師在課堂上爲達到課程目標而採取的一種特定的方式或方法。

3.教學模式是對各種教學法及其理論依據和結構所作的綱要式描述，通常還要提出所要遵循的步驟。美國學者喬伊斯和韋爾（B. Joyce & M. Weil）將教學模式歸爲四大類：(1)訊息加工教學模式，(2)個性發展類教學模式，(3)社會交往類教學模式，(4)行爲系統類教學模式。

課程實施除了可以視之爲課程執行，也可視之爲課程實踐，Fullan和Pomfret（1977）把實施界定爲一個改革的眞正運用（actual use），或改革於實際（practice）中所包含者，企圖、計畫或決定去使用（改革計畫之執行）。

影響課程實施因素分別有：

1.計畫本身特性：可傳播性、可操作性、和諧性、相對優越性。

2.實施者和課程編製者之間的交流與合作。

3.課程實施的組織和領導。

4.教師的培訓。

5.各種外部因素的支持。

教學論

行為主義學派對教學活動的建議，認為教師應用學習規則時，必須遵守下列要項 (Deci & Ryan, 1985)：

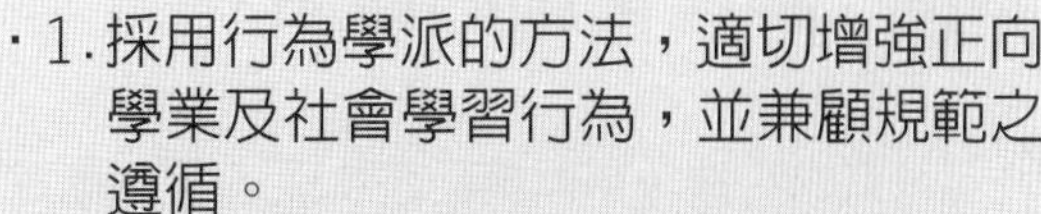

- 1.採用行為學派的方法，適切增強正向學業及社會學習行為，並兼顧規範之遵循。
- 2.鼓勵學生重視並配合行為改變計畫，使學生了解並接受行為改變之理由。
- 3.了解學生，使行為策略的擬定適合每個人的需要，並顧及可能產生的後果，包括增強物的選擇、適當的鼓勵、確認增強設計對學生學習活動的效果。
- 4.選擇性使用增強，採用最簡單的、最積極的、最現實的、最內發的方法，引導學生對自己的學習負責任。
- 5.儘量採用內發性獎賞與誘因，使學生了解獎勵的主要目的在於鼓勵學習者本身的行為而非目的本身。

評論

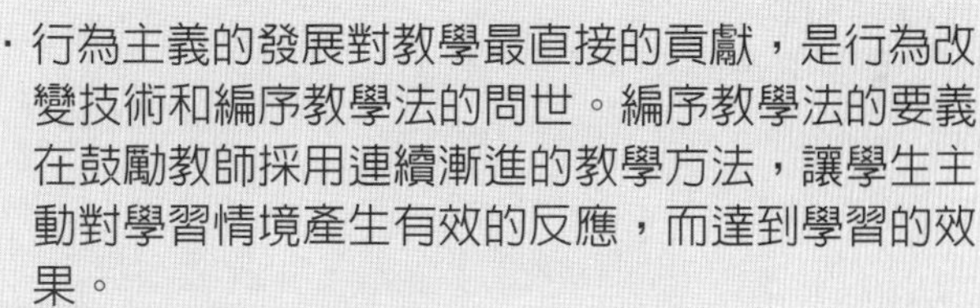

- 行為主義的發展對教學最直接的貢獻，是行為改變技術和編序教學法的問世。編序教學法的要義在鼓勵教師採用連續漸進的教學方法，讓學生主動對學習情境產生有效的反應，而達到學習的效果。
- 其次，近年來發展出來的電腦輔助教學、精熟學習、凱勒計畫、個別化系統教學等教學法，均源自於行為主義論。
- 行為學派對學習行為的形成，完全以個體行為為出發點，透過對個體行為的改變，以及個體對外界的刺激和反應之間的關係，推論學習行為的產生，並論述在教學上的意義。儘管行為學派對學習及教學的論述有所不足，然而，行為學派卻提供教學研究與教學實際相當豐富的理論基礎，引發人類對學習議題的關注，後來的認知學派、人本學派等的發展，應受到行為主義深深的影響。

Unit 5-2 課程實施的觀點

常見的有忠實觀、相互調適觀及締造觀等三種觀點，說明如下：

一、忠實觀

第一種是課程實施忠實觀（fidelity perspective），主要探討實施的程度，尤其是了解企圖和計畫性的改革被眞正運用，課程或計畫是事先決定的，理想的實施結果是忠於課程計畫設計者的意圖，教師的主要任務是將課程專家所發展的計畫進行實施，教師與學生均被動的接受課程。忠實觀的代表爲1990年代布希政府所提議之「國定學校教育目標」。

二、相互調適觀

第二種是課程實施的相互調適觀（mutual adaptation）或歷程觀（process perspective），主要探討課程實施的複雜變化過程中，課程是如何發展和變化的。課程專家進行規劃設計，教師則依據教學環境的不同條件而進行課程調整，相互進行交互作用，重點在所有事前規劃的課程，實施時都必須透過合作與溝通修正調適，才能使學生學習獲得最大的效能，促進課程實施的成功。相互調適觀的代表爲1990年代柯林頓政府所提議之「國定表現標準」。

三、締造觀

Synder、Bolin及Eumawalt（1992）提出了三種課程實施的觀點，除了忠實觀、相互調適觀以外，還有一種是締造觀（enactment）。締造觀將之視爲師生創造教室中經驗的工具，指出課程是師生共同創造的教育經驗，學生是需要教師引導的學習者，教師是引導學生學習的重要元素，著重於教師在教室的情境之中實際進行課程行動實踐，教師應該扮演好課程發展者的角色；課程是教師與學生共同創造的教育經驗，課程知識的產生需要透過個人建構與個別化的獨特經驗。從下表可看出三種觀點之比較。

課程實施的三種觀點之比較

	忠實觀	相互調適觀	締造觀
課程定義	計畫性課程	包含脈絡性因素	師生共同創造之個別經驗
課程知識	專家創造	專家決定教師調適	專家創造的資源師生加以建構
課程實施	理性系統的實踐過程	雙向調適	師生成長的過程
教師角色	知識消費者	課程調適者	課程的發展者與建構者

李子健與黃顯華（1996）另舉House（1979）建議的三種改革觀：科技的、政治的及文化的，與課程實施的忠實觀、相互調適觀及締造觀對應。重視科技的改革觀，強調目標的明確及測量，有利於忠實觀的課程實施；重視政治的改革觀，強調了協商、調整及政治架構之影響，相當程度明白顯示忠實觀之不易及相互調適觀的課程實施之必然；重視文化的改革觀則與締造觀符應。

學習策略

認知主義對學習的論點，認為學習並非僅為刺激與反應的連結，而是學習在學習過程中，運用自身具有的認知結構，主動地接收外界的訊息。在學習方面強調既有的認知結構，學習反應是一種主動地認知與建構，而非被動的吸收。
因此，將學習策略界定為一種學習者主動利用方法及步驟獲得知識或使用知識的認知歷程，最終目的在促進學習和記憶的效果，以及解決問題的能力（陳李綢，1998）。認知主義提出協助學習者學習的有效策略如下（Woolfolk, 1995）：

- 1.引導學生了解各種不同策略，不僅一般性學習策略，亦包括特殊的學習方法，如記憶術的運用。
- 2.教導適時、適地、適當運用不同學習策略。
- 3.學習策略的使用必須因時、因地、因物而隨時調整，策略方案應包括動機的訓練。
- 4.教導基模知識的學習，使學習更有效。

認知學派之教學論

- 認知心理學認為學習是一種個體主動參與處理外在訊息，並將訊息加以組織、建構、轉化、編碼，進而吸收的歷程。認知學派的教學理論以皮亞傑的認知學習、布魯納的發現學習、奧斯貝爾的意義學習理論為主。
- 皮亞傑認為個體在環境中無法用既有的經驗與認知結構去適應新環境或新經驗相均衡時，就會產生認知失調的現象，則個體必須改變原有的認知結構，調整基模以均衡認知。
- 布魯納認為個體的學習是一種自動自發的行為，而不是被動的，透過學習滿足好奇心而產生增強作用。學習是個體主動將外界的訊息加以組織、建構、編碼、轉化並進而吸收的歷程。
- 奧斯貝爾強調學習活動歷程中的各種概念或原理原則，必須對學習者本身具有意義，學習才能產生。學生在進行學習活動之前的先備知識（prequisite knowledge）才是意義學習產生的必要條件。

評論

- 認知學習理論對個體的學習歷程，強調主動建構知識的重要性。因此，教師的教學必須以學習者在學習上的特性為主，引導學習者作有效的學習。認知學習派的學習理論，在教學上的應用包括發現式學習（discovery learning）、闡釋教學法（expository teaching）、教學要件模式（instructional events model）等。

Unit 5-3 課程實施的層次

Hall及Loucks（1977）提出的課程實施層次觀點模式，區分出八個改革的使用層次，分別是：

層次0—未使用（nouse）：人們不知改革訊息，使用者對於課程改革缺乏了解，或了解甚少，未參與課程改革工作，也未準備參與。

層次1—導向（orientation）：人們獲得訊息，使用者已經獲取或正在獲取課程改革的資料，且已經探討或正在探討課程改革的價值取向，及對使用者要求。

層次2—準備（preparation）：人們準備初次使用改革（成品）。

層次3—機械性使用（mechanical use）：人們只關注短期與每日之使用改革，但是缺乏反省的時間。使用上的改變旨在符合使用者的需求，而非學生的需求。使用者基本上所試圖熟練的工作，是使用改革的課程所要求的，結果常是膚淺且不連貫的使用。

層次4A—例行化（routine）：穩定的使用改革（成品），如果有改變的話，僅是少數。很少顧及改變革新方案的修訂各革新的效果。

層次4B—精緻化（refinement）：人們改變使用改革（成品）方式以增加效果。

層次5—統合（integration）：人們將自己與同事的努力結合，在共同影響的範圍內，給予學生集體的影響。

層次6—更新（renewal）：人們對改革進行評鑑與調整，尋找目前革新的變通方案或重大修正方案，以增進其對學生的影響，檢視領域內的新發展，探索自己及整個學校系統的新目標。

Hall, Wallace, & Dossett（1973）關注本位課程的七個階段

階段	名稱	特徵
0	低度關注（awareness）	很少關注或參與新課程
1	資訊性（informational）	表示對新課程具有一般認識，並有興趣多了解一些該新課程。個人似乎不擔心新課程與自己的關係，只關注新課程本身的一般特徵、影響、使用的要求等。
2	個人的（personal）	個人尚未肯定新課程對自己的要求，自己能否應付該些要求，以及自己在實施新課程時所扮演的角色。個人會考慮的問題包括：回報、需要作出的決策、新課程與現存學校結構的衝突、新課程與自己現在需要承擔的責任之間的矛盾、新課程對自己及同事在金錢和地位上之涵義等。
3	管理（management）	集中關注落實新課程的歷程和工作，以及使用資訊和資源之最佳方法。特別關注效率、組織、管理、時間表和所需時間。
4	後果（consequence）	關注新課程對學生的影響。焦點放在新課程的適切性、學生成績的評鑑，以及提升學生學習成果的變革等。
5	合作（collaboration）	關心在實施新課程時，如何與其他人士協調和合作。
6	再關注（refocusing）	探討新課程更多普遍性優點，包括探討大量改變或由另一新課程取代的可行性，個人對其他新方案具有明確的想法。

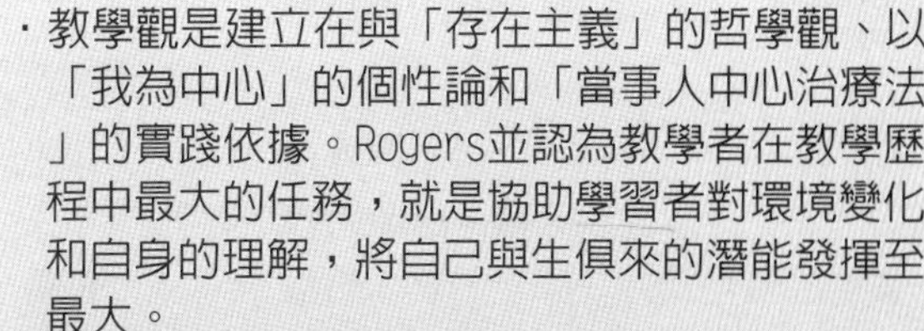

人本主義之教學論

Rogers在教學理論方面，提出學生中心的教學模式，屬於個別化教學模式的一種

- 教學觀是建立在與「存在主義」的哲學觀、以「我為中心」的個性論和「當事人中心治療法」的實踐依據。Rogers並認為教學者在教學歷程中最大的任務，就是協助學習者對環境變化和自身的理解，將自己與生俱來的潛能發揮至最大。
- 此外，Rogers認為教學原理應該至少包括設計符合真實的問題情境、提供學習的資源、使用學習契約、有效運用社會資源、運用同儕團體達到學習目標、分組學習、探究訓練、程序教學、交朋友和自我評價等，促進學習者追求特定學習目標的程序（朱敬先，1997）。

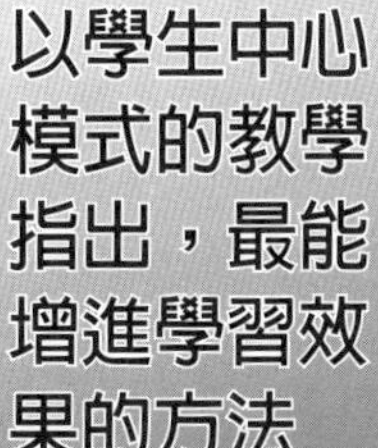

以學生中心模式的教學指出，最能增進學習效果的方法

- 1.以生活中所遭遇的問題作為學習的內容。
- 2.提供完善及豐富的資料來源。
- 3.運用學習合同或契約，促使學生設定自己的目標與計畫。
- 4.運用團體決策來訂立學習目標與內容。
- 5.幫助學生學習如何對自己問問題，以及如何自行解決問題。
- 6.利用啓發性活動，使學生獲得經驗性學習。
- 7.利用編序教學，依據學生的學習速度，多給予正增強，使學生獲得經驗性之學習。
- 8.採用基金會的會心團體及敏感性訓練。
- 9.採用自我評鑑方式。

評論

人本主義學習論的觀點，從人性角度出發，並著眼於「以人為本」的學習論點，引導教學者在規劃教學階段中，將個體周遭生活議題納入教學中，統整各種教學資源；在教學活動進行時，強調應引導學習者自行面對問題、解決問題；在教學結束階段，採用自我評鑑方式，了解學習成效，作為檢討教學依據，進而形成新的教學活動計畫。

Unit 5-4 課程實施的障礙

Fullan（1991, p.68）認為影響課程實施的因素可以分成三大類：改革的特性、當地的特性及外在因素，及九類項目，如下：

1.**需求**（need）

實務現場者應體認改革之需求，愈複雜的改革，其需求也愈需要加以釐清。

2.**清晰性**（clarity）

改革過程中，無論目的還是手段的清晰性，似乎是一永遠存在的問題。

3.**複雜性**（complexity）

複雜性涉及個人於實施之際負責的改革難度和範圍，許多改革如開放教育的有效實施對有效的實施結果進行哲學性理解。

4.**品質及實用性**（quality and practicality）

新課程即改革的計畫，它的品質會涉及上述三項因素，九類項目。

5.**學區**（school district）

學區的狀況不明，常導致改革的失敗。

6.**董事會及社區特性**（board and community characteristic）

社區支持學校時，學校課程實施就有較好的成果。

7.**校長**（principal）

課程實施必然在校內進行，但是如果把眼光放在校內時，大家會發現校長是被公認為具有強大影響力的人士。

8.**教師**（teacher）

教師的行動與其心理狀態有相當密切的關聯，教師的信念、生涯發展、人格及過去的經驗，都對其行動有重要的影響力，也對課程實施有重要意義。

9.**外在因素**（eternal factors）

單就學校及學區外而言，整體社會存在一些影響課程實施的重要因素，例如，中央教育主管機關、教育主管機關、大學及各層級的研究發展機構、師資。

Fullan（1991, p.50）對人們發起改革的決定，提出了八個影響因素：

課程改革之決定的影響因素

九年一貫課程實施政策與問題之分析

課程改革學者Apple（1983）認為課程決策過程應盡可能讓所有會被影響的人參與，藉以引發參與者更高的信任感及合作的態度，說明如下：

一、政策執行的矛盾與形式化	1.原在希望採取由下而上模式，強調適度的模糊性以提供較大的空間給基層執行者，以完成因地制宜的調適 2.實際執行過程中，卻透過訪視、課程計畫備查、研究報告等變相方式對學校進行管控 3.原在希望採取由下而上模式，強調適度的模糊性以提供較大的空間給基層執行者，以完成因地制宜的調適
二、師資培育整備不及，教師倉卒上陣	1.師資職前培育：以往受到《師範教育法》影響，向來採分流分科培育師資，與九年一貫課程的合流合科可謂完全迥異，在教師缺乏專精的學科基礎下，可能流於填鴨式與照本宣科的講解。 2.教師在職研習：因辦理研習單位衆多（如各大學、教師研習中心、各中小學校或各科輔導團），研習主題由各承辦單位自行設計，時間有半天至兩星期不等，造成整體進修或研習缺乏組織統整。
三、教科書倉卒付梓，錯誤百出	藍順德（2004）、鄧鈞文（2003）曾對教科書開放政策中的運作生態提出以下六點分析： 1.教科書市場特質影響教科書編審運作； 2.九年一貫課程設計理念造成教科書編審爭議； 3.教科書編審人才不足，編審時間緊迫； 4.教科書審查程序及規範有待改進； 5.編審人員知識理念、意識型態影響教科書內容之決定； 6.編審人員彼此間信任感不足，溝通機制有待加強。
四、課程銜接斷裂，學生學習受到威脅	1.堅持四年即全面實施：歐用生（2003）即指出，九年一貫課程未採逐年實施，而是在四年之內完成，其主因乃為加速改革績效，未周全考量學生的學習經驗。 2.能力指標採階段指標，各出版商版本編排不同。 3.課程綱要與課程標準。
五、主題認識	1.各校對課程統整缺乏正確且深入的認識，卻在學校本位的模糊概念下，形成「嘉年華式的主題統整」，錯以為主題統整就是在做課程統整。 2.目前之課程統整，並未打破學科界限，學校所提出之課程計畫亦缺乏教師運用專業能力進行激盪討論，流於文書往來的形式主義。

Unit 5-5 課程評鑑

課程評鑑係指針對課程的品質、效能或價值從事正式的價值判斷（黃政傑，1987）。Sowell（1996）指出，課程評鑑包括確認判斷品質的標準、蒐集相關的資料和將標準應用在品質的判斷上。黃政傑（1991）進一步提出課程評鑑是評鑑在課程領域的應用，評鑑人員蒐集有關課程的資料，用以判斷課程的價值。

黃光雄、楊龍立（2004）指出課程評鑑有兩大目的：(1)改進調整：經由評鑑可促使課程設計者更改原先設計的課程；(2)總結價值：既重視改建調整，也重視總結價值。

課程發展包括四個連續性的階段，此四個階段並可經由評鑑進行不斷的回饋與修正（黃政傑，1987，1991）。第一是研究階段：包含問題檢討、需求評估、文獻探討。第二是發展階段：包括了發明、設計、試用修正、定型。第三是推廣階段：包含傳播、示範、訓練。第四是採用階段：包含再試用、安裝、實施、鞏固。由上可知評鑑在課程發展中的地位，這種地位是相當重要的，有別於一般人誤將評鑑置於整個課程發展過程的最後一步，認為課程實施之後才要評鑑。我們可以這樣說，課程發展工作做得愈好，課程實施的困難愈少，學習愈易成功；而課程發展要做得好，有賴於每階段不斷地實施評鑑。

課程評鑑的取向包含科學主義取向和人文主義取向、內部評價和結果、形成性評價和總結性評價。課程評鑑的模式分別有目標評價模式、目的游離評鑑模式、CIPP評價模式（背景、輸入、過程、成果）、外觀評鑑模式（觀察過程蒐集資料）、差距評鑑模式、自然探究模式（現場研究）以及CSE（Center for the Study of Evaluation）評鑑模式，步驟如下：(1)需求評估（問題的選擇），(2)選擇計畫（計畫的選擇），(3)形成性評鑑（計畫的修正），(4)總結性評鑑（計畫的批准或採納）。

黃政傑（1991：352）與黃光雄、蔡清田（1999：256）即針對課程評鑑的功能歸納出七個重點，有助於課程發展。第一個功能是「需求評估」：在課程方案設計前，先調查社會及學生的需要所在，作為規劃的依據；若未實施需求評估便著手設計課程，可能昧於社會及學生的需要。第二個功能是「缺點診斷」：旨在蒐集現行課程之缺點及其成因，作為課程改進之用。第三個功能是「課程修訂」：課程修訂人員藉由評鑑方法，反覆尋找方案的優缺點，試用擬就新方案以達到完美境地。第四個功能是「課程比較」：係藉由評鑑來了解不同課程目標、內容、特點和效果。第五個功能是「課程方案的選擇」：旨在藉由評鑑來判別課程方案的優劣價值，以便作成選擇的決定。第六個功能是「目標達成程度的了解」：係以評鑑來比較課程目標和課程效果，探討目標達成了多少。第七個功能是「績效判斷」：旨在藉由評鑑了解課程設計及實施人員的績效。

綜上可知，顯示課程評鑑在課程發展中的地位，也顯示課程發展過程中為什麼要實施評鑑的原因和必要性。

課程評鑑的方式

1.自我評鑑

受評教師根據自我評鑑檢核表，填寫相關資料，逐項檢核，了解自我教學工作表現，一般認為壓力較小，也是中小學教師認為最可行的方式。但自評容易出現評分寬鬆，與其他評鑑方式相比，較缺乏準確性、客觀性和可信度。

2.校內評鑑

(1) 同儕：依據Joyce和Showers（1996）的同儕教練模式（peer coaching），主要用於形成性評鑑，鼓勵教師以同儕合作的方式協助教師專業成長。此模式有四個要素：研習、示範教學、指導式練習和回饋、獨立練習和回饋。

(2) 上級對部屬的評鑑：由校長及其他行政人員對教師所做的評鑑，評鑑點在於強調年終考核的總結性評鑑。（教育行政機關對學校的評鑑也稱作上級評鑑）

(3) 校內評鑑小組：由學校行政人員、教師代表等組成，必要時也可包含教育學者專家、教育行政人員等（簡單的說就是教評會）。

(4) 家長評鑑：學生家長最關心學生的學習，但基於教學專業的考量，不宜直接評鑑教師在教室及學校的表現。目前掛名居多，實際參與的情形不高。

(5) 學生評鑑：目前大學已普遍實施，但中小學因學生的成熟度，則有較大的爭議，因此不宜單獨使用，需與其他評鑑方式同時實施，以多方檢證評鑑資料的信度和效度。

3.外部評鑑

由主管教育行政機關邀請教育行政人員、學者專家、學校代表等組成評鑑小組，進行學校教師專業評鑑工作。在國外通常用在不適任教師的複評，以及學校評鑑。

Unit 5-6 課程評鑑的階段

課程評鑑可以分成籌劃階段、計畫階段、運作階段及成果階段等四個階段。教育部（2000）指出籌劃階段包含組織：(1)各校應成立「課程發展委員會」，下設「各學習領域課程小組」，於學期上課前完成學校整體課程之規劃，決定各年級各學習領域學習節數、審查自編教科用書，以及設計教學主題與教學活動，並負責課程與教學評鑑。學校課程發展委員會之組成由學校校務會議決定之。(2)學校課程發展委員會的成員應包括學校行政人員代表、年級及領域教師代表、家長及社區代表等，必要時得聘請學者專家列席諮詢。(3)學校得考量地區特性、學校規模及國中小之連貫性，聯合成立校際之課程發展委員會。小型學校亦得配合實際需要，合併數個領域小組成爲一個跨領域課程小組。

計畫階段包含課程設計：(1)學校課程發展委員會應充分考量學校條件、社區特性、家長期望、學生需要等相關因素，結合全體教師和社區資源，發展學校本位課程，並審愼規劃全校總體課程計畫。(2)學校課程計畫應依學習領域爲單位提出，內容包括：「學年／學期學習目標、單元活動主題、相對應能力指標、時數、備註」等相關項目。(3)有關兩性、環境、資訊、家政、人權、生涯發展等六大議題如何融入各領域課程教學，應於課程計畫中妥善規劃。

選修課程在符合領域學習節數的原則下，學校得打破學習領域界線，彈性調整學科及教學節數，實施大單元或統整主題式的教學。

通常課程評鑑的方式，依評鑑階段而言，可以分成四個階段：

第一階段是「計畫階段之評鑑」，是指在規劃一個新課程方案時進行評鑑，和以前做過的課程研究方案相核對，評鑑其目標、基本假設、學習歷程等有助於評估課程的適切性。而且在選擇組織學習經驗階段，進行設計階段的評鑑，經由試用，以評鑑課程之效益與可行性，這種評鑑的結果，應是課程革新的必要基礎。

第二階段是「實施階段之評鑑」，針對採用課程方案的實施情境加以評鑑。因爲在實施新課程方案時，會遭遇到許多預期不到的困難，而且大部分的課程方案需要一段時間才能完全實施，因此在實施階段進行評鑑，有助於課程改革的成功。

第三階段是「考核階段之評鑑」，依據課程方案的實際運作結果，進行評鑑以發現學生的學習成果。甚至應該以接受課程方案實施後，一年或短期之內的學生成果，作爲評鑑學習持久性的對象。

第四階段是「追蹤階段之評鑑」，在新課程實施後短時間之內，通常是高效能的，後來時間一久之後，就失去效用了。有些是歸因於新進教師缺乏執行的適當訓練，有些是歸因於教師及學生失去興趣，或無法調適環境變遷而失去彈性，追蹤評鑑正可以提供課程再現活力的基礎。

內部評鑑與外部評鑑比較一覽表

項目	內部評鑑	外部評鑑
精神	自我管制	外在認證／認可
發起者	高等教育機構	高等教育機構之外的團體（通常是政府）
目的	自求改進	證明符合績效責任的要求
角色	形成性評鑑	總結性評鑑
強調的品質	內在品質的改進	外在品質的控制
評鑑做法	品質評估、品質保證	品質審議
評鑑工具	自我評鑑、同僚評鑑	審議者／後設評鑑者之評估
實施方式	自我評鑑	訪問評鑑
時間	長（通常為一至兩年）	短
報告處理方式	不公開	公開
報告運用	作為改進參考	作為學生及其雇主選校、選才之依據； 作為政府或其他單位經費補助之依據

資料來源：引自蘇錦麗（1997）。《高等教育評鑑：理論與實際》，頁 22，台北：五南。

第 6 章

學校本位課程發展與評鑑

章節體系架構

課程發展是一種演繹式的過程，藉由課程不斷發展改進而形成的精緻化作用，以進一步促成預定課程目標的達成。其中包含四個活動：(1) 目標的分析，(2) 設計方案或事件，(3) 實施一連串相關活動，以及 (4) 上述過程的評鑑。

本章重點在於分析學校本位課程發展的意涵與相關影響因素，並說明學校本位課程評鑑的必要性，與進行時的程序、步驟和注意的實施原則，並兼論鄉土教育的意涵、理論基礎及發展模式，以提供有意進行學生本位課程之行政主管與基本教師參酌運用。

Unit 6-1 學校本位課程發展的意涵

學校本位課程發展介於中央層次之課程發展及教師的課程發展之間，然尚無一致的定義。學校本位課程發展是一個非常複雜的過程，發展歷程不僅包含課程本身的決定過程，而且也包含教育系統中其他事務的決定與協調（林佩璇，1999）。學者所指陳的學校本位課程亦不盡相同，擬就學者對學校本位課程的敘述要點條列如下：

學校本位課程是由學校所發起的一種草根性活動（吳清山、林天祐，1999）。

學校本位課程發展係以學校爲中心或據點，由學校成員結合校內與社區資源，主動從事課程設計及發展的活動（黃政傑、張嘉育，1999）。

學校本位課程爲一種含有設計、實施與評鑑過程的課程（吳清山、林天祐，1999）。

學校本位課程需符合社會、地方、學校與學生之需求，並且由學校成員主導學校課程發展過程（張嘉育，2001b）。

Rugg（1926）將課程發展歸納爲三個操作性步驟：(1)決定基本的目標；(2)選擇活動與其他教學素材；(3)找出最有利於教學的組織及安置方式。

學者對學校本位課程觀點多所不同，臚列如下：

1.高新建（1999）指出，學校本位課程發展是以學校的教育理念及學生需要爲核心，以學校爲中心，以學校教育人員爲主體，爲學校課程所進行的規劃、設計、實施和評鑑。以學校的教育理念及學生需要爲核心，同時考量校外社區的發展特色，並回應中央及地方教育主管機關法令與政策及大眾的期望。

2.歐用生（2000）曾提及在學校本位課程發展的實踐中，教師應該扮演更積極的角色，教師不只是一個教學者，更是一位行動研究者。

3.學校本位課程發展係以學校爲中心或據點，由學校成員結合校內與社區資源，主動從事課程設計及發展的活動（黃政傑、張嘉育，1999）。

4.學校本位課程爲一種含有設計、實施與評鑑過程的課程（吳清山、林天祐，1999）。

5.學校本位課程爲課程發展的過程（張嘉育，1999）。

6.學校本位課程的參與對象有校長、行政人員、教師、學生、家長與社區人士等（張嘉育，1999）。

7.學校本位課程需符合社會、地方、學校與學生之需求，並且由學校成員主導學校課程發展過程（張嘉育，1999）。

8.沈姍姍（2005）認爲學校本位課程發展是以學校爲主體，結合校內外資源，在教師專業自主的運作下，所進行的課程設計、實施及評鑑的過程與結果。理想的學校本位課程發展係結合校內外的資源，在教師專業自主的運作下，對學校的所有課程進行設計與實施。

以學校爲發展的主要場所及各項資源的主要供應者，但是並不必然限定在校園內，而可以充分運用校外人士及機關資源。

由此可見，學校本位課程的出發點，在於發展一符應國家政策法令、地區或社區特色、學校理念及學生需求的課程發展，以學校爲課程發展的核心，富有專業自主的特色，整合校內外人力、資源，在群體合作共事之情境下，主動發展包含規劃、設計、實施及評鑑等過程的課程，以收立即之效。

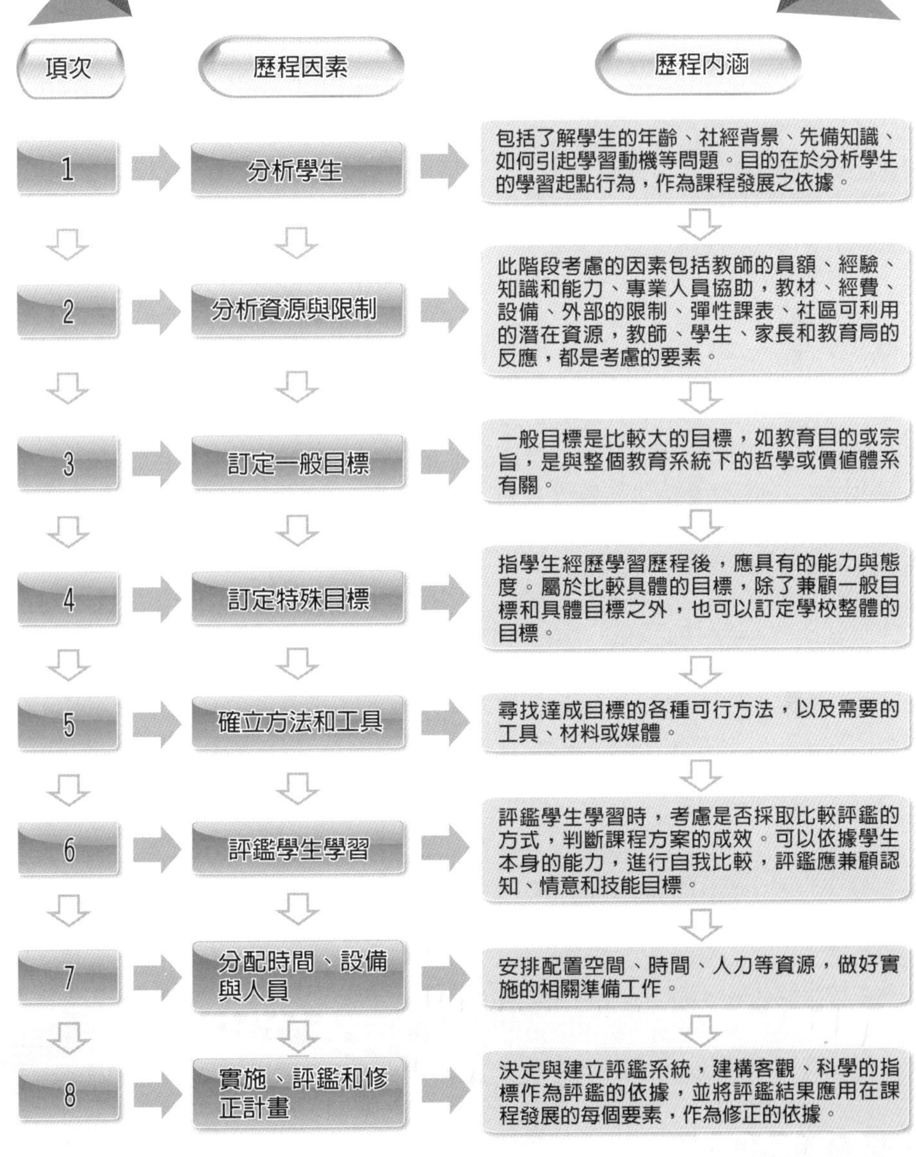

OECD學校課程發展模式之要素內涵一覽表

項次	歷程因素	歷程內涵
1	分析學生	包括了解學生的年齡、社經背景、先備知識、如何引起學習動機等問題。目的在於分析學生的學習起點行為，作為課程發展之依據。
2	分析資源與限制	此階段考慮的因素包括教師的員額、經驗、知識和能力、專業人員協助，教材、經費、設備、外部的限制、彈性課表、社區可利用的潛在資源，教師、學生、家長和教育局的反應，都是考慮的要素。
3	訂定一般目標	一般目標是比較大的目標，如教育目的或宗旨，是與整個教育系統下的哲學或價值體系有關。
4	訂定特殊目標	指學生經歷學習歷程後，應具有的能力與態度。屬於比較具體的目標，除了兼顧一般目標和具體目標之外，也可以訂定學校整體的目標。
5	確立方法和工具	尋找達成目標的各種可行方法，以及需要的工具、材料或媒體。
6	評鑑學生學習	評鑑學生學習時，考慮是否採取比較評鑑的方式，判斷課程方案的成效。可以依據學生本身的能力，進行自我比較，評鑑應兼顧認知、情意和技能目標。
7	分配時間、設備與人員	安排配置空間、時間、人力等資源，做好實施的相關準備工作。
8	實施、評鑑和修正計畫	決定與建立評鑑系統，建構客觀、科學的指標作為評鑑的依據，並將評鑑結果應用在課程發展的每個要素，作為修正的依據。

資料來源：蔡清田（2002）。《學校整體課程經營：學校課程發展的永續經營》。台北市：五南。

Unit 6-2 學校本位課程發展的影響因素

台灣近年來之教育改革受到後現代思潮的影響，而有分權及權力下放的趨勢。在此一潮流中，教育行政當局已減少對學校一致性的規範，反而鼓勵各校進行學校本位的管理與發展，即使在管控學校品質的評鑑範疇中，亦充分鼓勵與協助學校教師能有自省的能力。此一「賦權增能」（empowerment）的機制，在現在的教育現場已經愈來愈受到重視（郭昭佑，2003）。

學者林秀容（1998）亦指出實施學校本位課程的理由爲：(1)打破過去課程的僵化性與封閉性；(2)順應無法抵擋的課程民主化與自由化的世界趨勢；(3)肯定教師、學生與家長才是課程的主導者；(4)充分尊重教師的課程與教學的專業自主權；(5)校長、教師、家長、學生的同心協力是課程成功的關鍵；(6)從學習者的觀點設計課程的內容與教學的方法；(7)強調鄉土教材在課程中的地位，善用社區資源於課程之中；(8)建立激發個性的學習環境，培養學生主動學習的態度與習慣等。

張嘉育（1999）認爲影響學校本位課程發展的因素有：(1)教師個人的因素：教師的認同意願與知能、教師的時間與負荷。(2)學校本身的因素：課程領導、學校組織結構與氣氛、經費資源諮詢服務等支援系統、教師流動、學校規模。(3)學校外部的因素：國家整體政策、社會觀念。

林佩璇（1999）提出學校本位課程影響因素有：

1.**社會變遷中，對學校課程的批評與反思：**社會期望學校能突破傳統課程的窠臼，發展適切的課程，配合學生、教師以及學校之特色，並符應社會現況。

2.**地方教育改革的推動：**在日趨分權的教育體制下，促進地方自主性的增強，在地方教育改革對課程開放、活潑及本土性的強調下，促使了學校教師投入課程設計、規劃的行列。

3.**教師專業地位提升的需求：**傳統在中央控制教育政策的情況下，課程發展被排除在教師的工作之外，教師成爲課程的傳授者而非發展者，在強調專業自主的社會中，教師積極參與專業表現的課程發展，對專業地位及專業形象的提升有莫大助益。

蔡清田（2005）認爲影響學校本位課程發展因素有：(1)課程領導的理念與做法，(2)時間管理的因素，(3)教師的文化結構，(4)教師課程與教學的設計能力，(5)學校與社區因素，(6)升學考試的因素。

Marsh、Day、Hannay和MaCutchen等人（1990）所提出主要是學校內部自發實行學校本位課程的三項內在因素，分別是學校參與人員的動機、對革新方法的興趣、控制、責任和自主權等學校本位課程的核心部分，外部六個變項分別有活動的類型與規模、學校氣氛、領導、時間、資源及外部的倡議和支持等隨時影響著學校內部的動力和課程發展歷程。在日趨分權的教育體制之下，各地莫不積極尋求符合自己不同需求的課程，學校被賦予發展課程的重任，而傳統擔任課程傳遞者的教師，也由被動的立場，轉爲積極投入的主動地位，建立教師專業自主的形象，在面對社會日趨多元的變遷下，處於有利地位。

Wiles & Bondi (1993) 課程發展風險評估表

描述／評估向度	風	險	程		度
	高度風險	←——→	中度風險	←——→	低度風險
改革的來源	完全來自外界壓	外部推動者的主張	外部推動者鼓勵學校發現改革需要	少數成員的覺知	多數成員的覺知
改革的計畫	全來自學校外部	主要來自學校外部	學校內外部皆有	主要由學校計畫	完全由學校計畫
改革的內容	挑戰成員神聖的信念	挑戰主流的價值	需要本質的改變	修正既有的價值或方案	未實質調整既有價值、信念與方案
改革修改的可能性	無法中止改革且實施後無法修正	無法中止改革，但可視總結性評鑑結果進行修正	無法中止改革，但可藉形成性評鑑進行修正	可在實施後期中止改革	可在任何時間中止改革
改革的成員	主管當局	學校領導者一人	學校部分代表計畫	大部分成員	團體共識
改革的歷史經驗	存在失敗的歷史經驗	沒有明確的紀錄	存在少數成功的經驗	有過數次成功的經驗	經常是成功的
改革的影響	對某些成員造成完全的威脅	對某些成員可能產生威脅	對少數成員可能產生些許威脅	對少數成員產生極輕微的威脅	完全沒有威脅
改革的工作負擔	大量增加	加重但有額外獎賞	些許加重	沒有差別	藉由改革可減輕工作負擔
改革中的教師角色	幾乎被忽略	扮演次要的角色	部分實施的角色	在實施上扮演主要角色	主要的參與者
教師對改革的期望	宿命論	不預期成功	願意努力	有成功的信念	對成功抱持極高的信心
對社區的態度	抱持敵意	懷疑	冷淡	準備改革	完全支持

資料來源：Wiles, J. & Bondi, J. (1993). *Curriculum Development: A Guide to Practice* (4th). New York: Maxwell Macmillan.

Unit 6-3 學校本位課程評鑑的必要性

學校本位課程評鑑的發展不再是為了做給上級長官看的書面資料，而是教育現場教師為了解自己的課程規劃、教學實施、學生的學習成效，所自發進行的一種評鑑模式，因此，歸納學者對課程評鑑之必要性重點如下：

教育部九年一貫課程綱要中，實施要點特別明定如下（引自教育部，2003）：

一、評鑑範圍包括：課程教材、教學計畫、實施成果等。

二、課程評鑑應由中央、地方政府分工合作，各依權責實施：

1.中央

(1)建立並實施課程評鑑機制，以評估課程改革及相關推動措施成效，並作為未來課程改進之參考。

(2)建立各學習領域學力指標，並評鑑地方及學校課程實施成效。

2.地方政府

(1)定期了解學校推動與實施課程之問題，並提出改進對策。

(2)規劃及進行教學評鑑，以改進並確保教學成效與品質。

(3)輔導學校舉辦學生各學習領域學習成效評量。

3.學校：負責課程與教學的評鑑，並進行學習評鑑。

三、評鑑方法應採多元化方式實施，兼重形成性和總結性評鑑。

四、評鑑結果應做有效利用，包括改進課程、編選教學計畫、提升學習成效，以及進行評鑑後的檢討。

此外，亦有學者提出對學校本位課程評鑑有不同觀點，分別說明如下：

一、學校本位課程發展的評鑑是對學校依其情境所發展出來的課程，有系統地蒐集其規劃、經設計與實施等資料，進行價值判斷，以作為課程決定的依據（游家政，2000）。

二、學校本位課程評鑑是指發生在學校層級的課程評鑑活動，是由學校成員統籌規劃，對學校的課程發展過程或課程成品進行系統而有計畫的資料蒐集與分析，以診斷學校課程問題，引導課程發展過程，產出優質的課程成品（張嘉育、黃政傑，2001）。

三、為了了解學校組織中課程發展與運作之成效，透過系統化的程序，進行一系列檢核的工作或研究歷程，分析課程的利弊得失，進而追蹤管制，期使學校中的教與學之間產生交互作用，進而持續發展不斷進步。舉凡學校教育中一切與課程相關的活動或事務，都是學校本位課程評鑑的對象（教育部，2002）。

四、學校本位課程評鑑乃從學校本位課程發展角度切入，以有助於課程設計的改進、且符合一般常運用的評鑑方式、具形成性評鑑的意義、符合學校本位改革的精神，即有助於發揮評鑑功能（葉興華，2001）。

學校本位課程評鑑與學校本位課程發展的關係

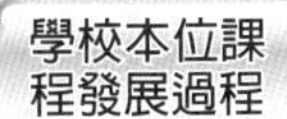

學校本位課程發展過程	課程發展活動	課程評鑑活動
課程計畫與研究階段	1. 情境分析，界定課程發展目標 2. 擬定課程發展計畫（含人、時、地、事、物等） 3. 蒐集課程設計與發展的文獻 4. 進行課程設計與發展的相關研究	1. 蒐集資料，診斷學校課程問題 2. 判斷課程發展的優先順序 3. 評析相關文獻的適切性，指出進一步文獻探討的方向 4. 評析研究計畫、實施及成果的適切性
課程設計與發展階段	1. 設計課程方案架構（直接實施／改編／創新） 2. 進行課程內容的選材與組織	1. 蒐集資料，進行教材的判斷與取捨 2. 進行小規模的試用
課程實施階段	1. 做課程實施的準備 2. 協調課程實施的問題 3. 進行課程方案的評鑑 4. 進行課程發展過程的反省	1. 蒐集資料，觀察課程實施的過程 2. 判斷課程實施的問題與成敗 3. 蒐集資料，判斷課程成效與價值 4. 分析課程發展過程的成效與問題
課程改革階段	1. 依據前述課程評鑑結果，擬定革新方向與實施 2. 展開課程革新行動	1. 蒐集資料，評估改革的優先順序與重點 2. 評估革新成效，作為下一波課程發展的參考

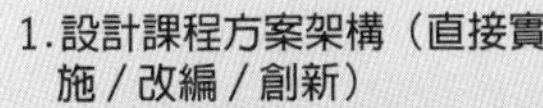
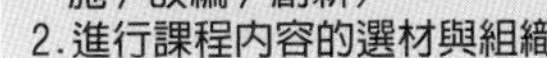

資料來源：張嘉育、黃政傑（2000）。以課程評鑑永續學校本位課程發展。載於台北市立師範學院舉辦之「學校本位課程發展與教師專業成長」國際學術研討論文集（頁 135-165），台北市。

Unit 6-4 學校本位課程評鑑的程序與步驟

在對學校本位課程評鑑有一番基本的了解之後，作者以其在桃園縣楊明國小帶領該校團隊進行學校本位課程評鑑行動研究的經驗，將整個發展歷程完整呈現，讓我們一窺學校本位課程評鑑的實踐歷程。提供幾種課程評鑑程序與步驟如下。

張嘉育、黃政傑（2001）認爲學校本位課程評鑑有四階段（十一種步驟），說明如下：

第一階段爲評鑑準備階段，共有步驟一：溝通宣導課程評鑑的理念；步驟二：培養有利的環境氛圍。

第二階段爲評鑑計畫階段，分別爲步驟三：確立評鑑目的、問題與範圍；步驟四：決定評鑑人員、時間、資料蒐集方式、工具與對象等；步驟五：擬定評鑑計畫，並檢核確認。

第三階段爲評鑑實施階段，共有步驟六：推動課程評鑑、做好課程領導；步驟七：蒐集、分析必要的資料；步驟八：解釋資料與形成報告。

第四階段爲回饋利用階段，共有步驟九：出版及傳布評鑑結果；步驟十：利用評鑑結果，進行決策與利用改進；步驟十一：運用結果規劃下一階段的課程發展。

陽明國小經驗的課程評鑑模式則有以下階段：(1)醞釀階段，(2)基本訓練—形成團隊—評鑑過程專業訓練，(3)合作評鑑，(4)反省與沉澱，(5)建立常駐機制，(6)分享與校際合作面作用。

國語實小的課程評鑑模式則是先進行評鑑相關研究報告，並了解學校願景、特色與課程發展方向，接著選用合適的評鑑工具並利用機會宣導與報告，藉此凝聚全校教師共識，接著進行教師自我檢核與課程實施的意見調查，並回收與統計分析，最後撰寫報告結果與應用訊息精進課程（規劃課程研習進修促進教師專業成長、檢討學校行政與設備支援成效並規劃整體教學資源、檢討課程實施提升教學成效），並進行教師自我檢核與課程實施的意見調查，統整爲評鑑報告。

總而言之，評鑑的主體是教師；核心機制是專業的支持與學習；評鑑客體是學校本位課程；歷程是眞實有系統的；運作平台是常駐機制、內外部眞誠對話、多元參與；目的是提升課程品質、學生學習、教師專業與學校系統文化（陳美如、郭昭佑，2003）。林佩璇（2001）提出學校本位課程評鑑的特點爲：評鑑爲一協商的過程互動、分享、建構；評鑑是一種行動研究：評鑑是一種學習的過程；評鑑是一種協同合作的過程。學校本位評鑑的要素包括：其內部評鑑者爲學校成員，且成員需經評鑑的學習以提升評鑑的知能，進行實在的評鑑，避免形式化評鑑。學校本位評鑑的最終目的在於學校評鑑的常駐機制，以隨時提供學校反省與改進，更需經由內外部評鑑的對話，以蒐集更多的觀點。

國語實小學校本位課程評鑑圖（2003）

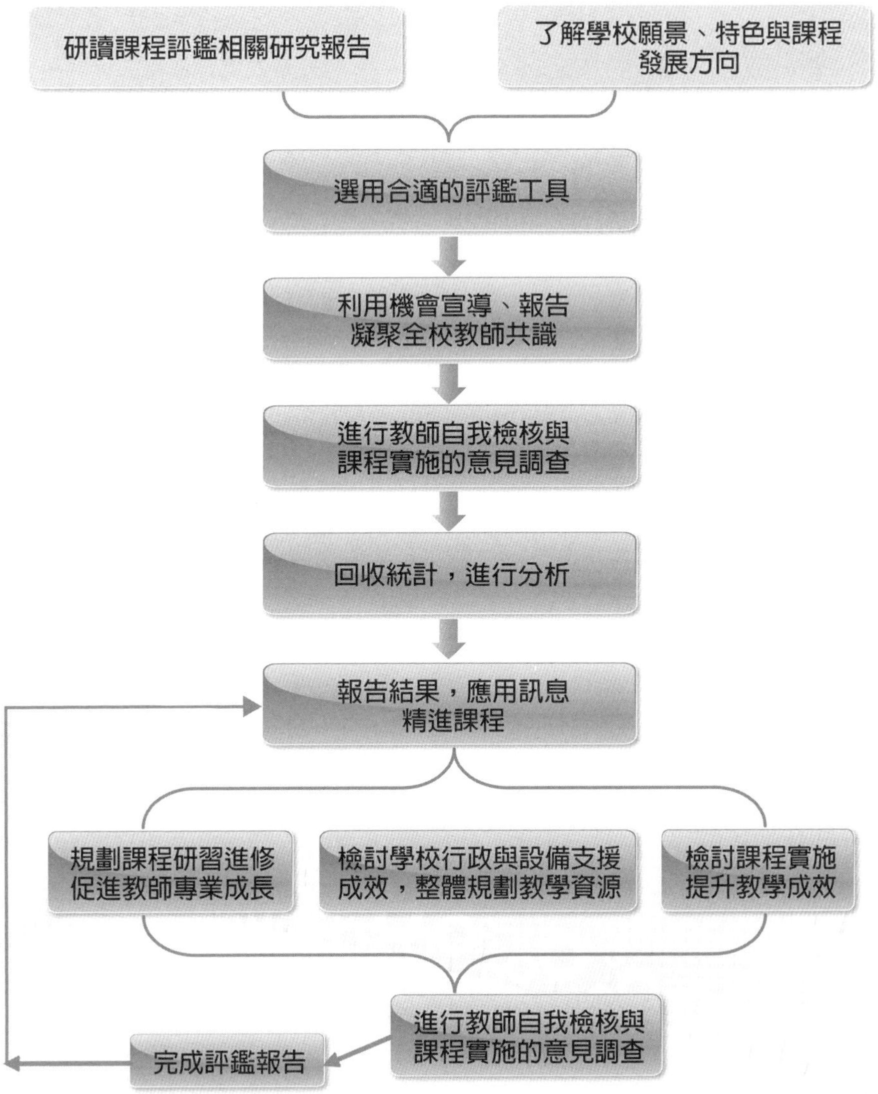

研讀課程評鑑相關研究報告

了解學校願景、特色與課程發展方向

選用合適的評鑑工具

利用機會宣導、報告凝聚全校教師共識

進行教師自我檢核與課程實施的意見調查

回收統計，進行分析

報告結果，應用訊息精進課程

規劃課程研習進修促進教師專業成長

檢討學校行政與設備支援成效，整體規劃教學資源

檢討課程實施提升教學成效

進行教師自我檢核與課程實施的意見調查

完成評鑑報告

Unit 6-5 學校本位課程評鑑的實施原則

Felton和McConachy（1980）針對學校本位課程評鑑資料蒐集，指出以下內容，在文件分析法中包含課程計畫、學生與成就測驗、教師日誌與歷程檔案；觀察法中則有會議、課堂等；訪談法中為學生與教師；問卷法為教師、學生與家長。

張嘉育、黃政傑（2001）認為學校本位課程評鑑的必要性為可評估學校課程發展的需求與方向、可確認課程發展過程的適切性、能判斷課程的價值、績效問題、可激勵成員參與學校課程發展的動機、可作為永續學校本位課程發展的機制。以下說明實施原則：

林佩璇（2001）提出學校本位課程評鑑的特點分別有評鑑為一種協商的過程；互動、分享、建構；評鑑是一種行動研究；評鑑是一種學習的過程；以及評鑑是一種協同合作的過程。

張嘉育、黃政傑（2001）指出學校本位課程評鑑應注意以下原則：

1.避免以歸罪作為評鑑的目的。

2.避免預設解決對策的評鑑。

3.評鑑方法、模式的選用應回歸評鑑目的本身。

4.妥善處理內外部評鑑人員參與問題。

5.慎選學校課程評鑑時機。

6.了解評鑑報告的政治性。

7.重視評鑑結果的利用。

葉興華（2001）提出學校本位課程評鑑落實之展望如下：

1.學校成員面對評鑑的心態要改變：勇於接受、面對。

2.教育行政官員看待課程評鑑結果的觀點要調整：不只是績效優劣，而是要看受評者能否據以改進。

3.課程認可制度的建立有其必要：建立課程認可制度，鼓勵學校除了自行評鑑外，應主動申請評鑑。

4.後設評鑑的建立必須重視：評鑑的評鑑，能否達到評鑑的目的。

學校本位課程評鑑是學校成員建構一套合適的學校本位課程評鑑方案後，針對學校本位課程發展的過程，系統地蒐集資料，並作價值、優劣的判斷，期能修正且產出優質的課程（邱緒美，2003）。

學校本位課程評鑑計畫的檢核表

一、評鑑的背景與需求
1. 為何此時此刻須實施評鑑？
2. 學校成員此時對評鑑的需求程度如何？
3. 認同此需求者有誰？感到威脅者為誰？如何化解？

二、評鑑的目的
1. 是否有清晰的文字敘述？
2. 是否為學校成員所理解？
3. 是否為學校成員所接受？

三、評鑑的問題／範圍
1. 問題與範圍是否有清楚的文字敘述？
2. 問題與範圍是否適切？
3. 問題與範圍是否被接受？
4. 是否需要發展成具體的評鑑指標？

四、評鑑的參與者
1. 誰有意願參與？
2. 誰應該參與（校長、行政主管、學科召集人、教師、學生、家長等）？
3. 參與者的權利與義務為何？
4. 參與者的角色與分工（評鑑者、促進者、諮詢者）？
5. 是否應將參與者加以組織（如設置規劃委員會）？

五、評鑑的資源
1. 是否需要專業人員、祕書助理等資源人士，襄助評鑑事務？
2. 是否需要其他空間、設備、器材等？
3. 評鑑將歷時多久？起迄時間為何？時間哪裡來？時間表在哪裡？
4. 是否有他校的經驗可供參考？
5. 是否需要編製評鑑指引供成員參考與了解？

六、資料的蒐集
1. 資料蒐集的方法為何（觀察、訪談、問卷、文件分析、內容分析、測驗等）？
2. 資料蒐集的時間為何？
3. 資料如何分類、分析與解釋？
4. 誰來蒐集、分析與解釋？
5. 誰來管理資料蒐集的工作並驗證資料的效度、信度？

七、評鑑的結果
1. 評鑑的成效可否預估？成效可能為何？學校成員能否感受到這些成效？
2. 如何確保未來評鑑結果的利用？
3. 是否有任何追蹤活動，促進成員對評鑑成效的了解？

八、評鑑報告的讀者
1. 校內的讀者為誰（校長、行政主管、教師、家長、學生等）？
2. 校外的讀者為誰（社區人士、教育主管機關、學者專家）？

九、報告的撰寫
1. 誰來撰寫報告？
2. 如有負面的結果，應如何陳述？
3. 如何透過報告的形式提高評鑑報告的可讀性？
4. 報告撰寫是否需為不同的閱聽人做不同的呈現？

十、報告的公布
1. 報告發表的日期為何？
2. 報告公布的形式為何？
3. 報告公布的內容應全部公布抑或部分公布？

說明：本表修改自 Russell et al., 1981, pp. 16-20。

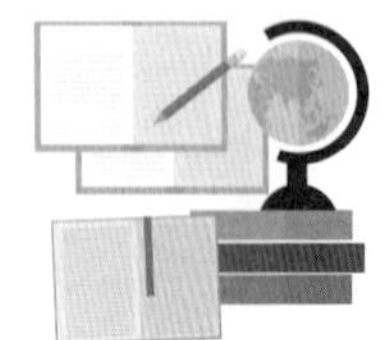

Unit 6-6 鄉土教育意涵、理論基礎與發展模式

台灣對鄉土教育的忽視與重視，是以政治的戒嚴與解嚴作爲關鍵的分水嶺。解嚴以前，二次大戰後的台灣，目的在培養民族精神與國家意識，至民國60年代，台灣鄉土意識仍包裹在中國意識之下。解嚴之後，鄉土教育因爲台灣意識的興起而日漸蓬勃發展。以下則分別說明：

一、鄉土教育的意義

鄉土指的是人們出生或少年時代生活的地方，另一指長期居住的地方，對該地有特別深厚的感情並受其影響（石再添，1971）。因此，林瑞榮（1998）認爲鄉土教育在使學生認識自己生長或長期居住的鄉土，使其認同鄉土並願意加以改善。

二、鄉土教育實施的理論基礎

學者歐用生、黃玉冠、耿志華、陳伯璋、林瑞榮、E. Dale都曾提出鄉土教育的相關理論基礎，以下茲就林瑞榮（1995）所提之建構主義、知識社會學、世界觀教育、多元文化教育、社會科與地理學的觀點來探討鄉土教育實施的理論基礎。

1.**建構主義：**建構主義強調人的價值、自由與尊嚴。在學習上，認爲應重視知識的相對性、學習者主動積極的探索、建構以及和社會的互動；教學時，應完全從學習者個人的心理出發，而不是從知識的邏輯結構出發。

2.**知識社會學：**從知識社會學來探討鄉土教學的課程設計時，需注意鄉土教學的教材課程與教材皆是文化資本的一部分。

3.**世界觀教育：**鄉土教育的學習者要能立足鄉土，更需胸懷世界，並深切體認世界爲一整體的地球村。從健康的、反省的種族認同，發展國家認同與世界認同，以達到自我認同與自我實現（Banks, 1981）。

4.**多元文化教育：**多元文化強調尊重不同族群的生活方式，理解與欣賞本國及世界各地獨特的歷史文化。同樣地，鄉土教育也強調文化多元的價值與貢獻，尤其是母語的學習，是鄉土教育的重要內容之一。

5.**社會科與地理學觀點：**社會科課程從兒童生活周遭的環境與生活經驗出發，強調兒童對周遭環境的體驗與認識，正是鄉土教育的具體顯現。

三、 鄉土教育課程發展模式

從過去到現在，我國課程發展可分爲三個階段，鄉土教育課程的發展則屬於第三階段。此三階段爲：(1)國定本時期：課程發展屬於「舟山模式」，特點是由政府統一編訂教材，基本上是由上而下的，缺少前線教師的參與，教師僅具課程的適應權，是被動的教育知識消費者。(2)審定本時期：課程發展屬於「板橋模式」，教師對不同版本的教材具有選擇權，但課程發展仍偏由上而下，教師扮演教育知識的中介角色。(3)自定本時期：課程發展屬於「後板橋模式」，教師具有課程創造的權力，是教育知識的生產者，課程發展流程轉爲由下而上。民國82年國小鄉土教學活動課標準屬之。

鄉土教育課程發展意義：鄉土教育課程發展最能發揮教師課程創造自主權，最能彰顯教師專業自主性，因此對教師專業發展深具指標意義。

我國鄉土教育正式設科過程表

項次	時　　間	主　要　事　件
一	民國 76 年	取消戒嚴法
二	民國 79 年 6 月	七縣市政府聯合主辦「本土語言教育問題」學術研討會
三	民國 82 年 9 月	「國民小學課程標準」修訂公布
四	民國 82 年 7 月至 12 月	「國民小學鄉土輔助教材大綱」研究
五	民國 83 年	「國小鄉土教學活動課程標準」公布
六	民國 83 年 9 月	教育部長立法院施政報告 (前教育部長郭為藩)
七	民國 85 學年度	國中鄉土教育正式設科教學
八	民國 87 學年度	國小鄉土教育正式設科教學
九	民國 90 年	鄉土語言正式設科，屬於語文學習領域之一

由1987年至今，我國鄉土教育由以往戒嚴時期的「忽視」態度，轉變成爲正式設科施教，其中的發展充滿政治與教育的糾結，同時也顯示出鄉土語言的政治敏感性。

台灣地區鄉土教育發展分析表

過去	現在	未來（近程）	未來（遠程）
無名少實	有名少實	有名有實	無名有實

鄉土教育單獨設科的利弊值得深思，因爲不及與過都非教育之道、學生之福。我國對鄉土教育由忽視轉爲重視，甚至單獨設科，是以政治的戒嚴與解嚴作爲關鍵的分水嶺。戒嚴時期，鄉土教育實施之弊在於忽視；解嚴之後，則戒之在過。政治對鄉土教育的實施，可以是阻力，更可以是助力，經由教育的觀點來省思，較可能恰如其分的實施鄉土教育。

註 1：林瑞榮（2004）。鄉土語言與教育的發展與爭議：不及與過。現代教育論壇。 屏東師院，頁 1-8。

第 7 章

九年一貫課程改革意涵、實施與應用

章節體系架構

教育部於民國 87 年 9 月公布《國民教育階段九年一貫課程總綱綱要》，又於 89 年 9 月公布《國民中小學九年一貫課程暫行綱要》，自九十學年度起由國小一年級開始實施。教育部已委託七大學習領域課程綱要研訂小組，從事各學習領域課程綱要的規劃。其次，教育部成立「國民中小學課程修訂審議委員會」，審議各學習領域課程綱要內容的適切性，並確認推動新課程的各項配合方案。同時，教育部更於88學年度開始委託指定的國中、小學試辦九年一貫課程，以為日後推行改進的參考。此外，教育部也積極委託各地的師資培育機構，辦理九年一貫課程研討會，以增進各界人士對九年一貫課程的了解。

本章重點先闡釋九年一貫課程改革的重要性與基本理念，並論析基本理念與學習內容，並兼論九年一貫課程的課程美學論述及檢討與建議，提供此教育改革政策的概貌與影響層面之觀點供參。

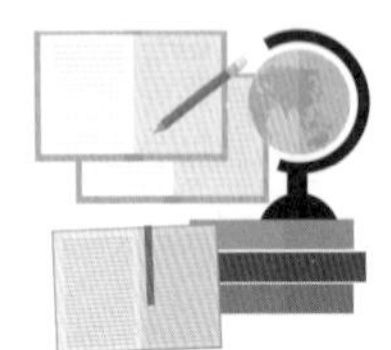

Unit 7-1 九年一貫課程改革的重要性

在邁向二十一世紀之際，能透過課程與教學機制的改革，重建國民中小學的校園學習文化，唯有再造新的學習文化，國民教育的體質才能眞正改善，展現出新的風貌，因此，推動九年一貫課程改革。而九年一貫和以往有不同之處，重要性如下。

九年一貫課程特色可以用「開放」、「一貫」與「統整」三大面向加以詮釋。

1.「開放」意味著教育諸多政策的鬆綁，如課程規範的鬆綁、教科書開放民編、發展學校本位課程、開放彈性課程等，可使教育與課程走向多元化。

2.「一貫」強調國中小課程的銜接，破除獨立運作的課程發展模式，建立以能力爲主的課程架構。

3.「統整」以「七大學習領域」整合過去的過度分科，且融入社會新興議題，注重各領域間的聯繫與整合，促使教育工作者進行團隊合作，增加協同教學的機會和可能性，並以多元評量促使學習歷程成爲整體而連貫的過程。

九年一貫課程推動的背景與原因如下：

1.以「課程綱要」取代以往的「課程標準」；以學生應學得的「關鍵能力」取代過去的「教學大綱」，讓學校及教師有更多自主的課程與教材設計，以及彈性的教學空間。

2.以往由上而下的國家本位課程設計，強調全國統一的課程標準及國定本的教科書，甚至全國一致的教學進度，實嚴重剝奪了學校及教師的專業自主空間。九年一貫課程希望透過學校本位課程的推展，落實教育鬆綁的精神，進而重建教師的專業能力與形象。

3.重視學習內容的統整。九年一貫課程強調合科、統整、協同與活潑、開放的教學，期能確實打破以往分科過細、知識嚴重被分割，且各科獨立、教師單打獨鬥教學而互不聯繫整合的扭曲現象，希望透過學習領域的統整，培養身心充分發展的健全國民。

4.以基本能力的培養取代學科知識的灌輸，九年一貫課程希望跳脫以往只強調知識的灌輸，而忽略學生生活知能與身心發展，亦即完整人格與心智的開發。因此，課程的設計特別希望培養學生帶著走的素養與能力，而不再只是嚴謹知識的記誦，讓國民中小學的教育眞正回歸教育的本質，重現學校教育的生機。

學者提出對課程改革的意義，認爲改革有下列各種意義：

1.改革就是改變，它可指想法、觀念、程度、動作、具體實物等變化。

2.改革是較爲激烈的一種改變，但程度比革命還輕些。

3.改革是創新，用新的來取代舊有的。

4.改革之預期結果常被認爲是好的與有價値的。

5.改革之眞實結果經常不如預期的好。

6.改革之成功，不是靠著改革者自認爲自己是好的、正確的及創新的，是靠著改革行事謹言愼行、臨事不懼、好謀而成。

課程改革模式模式及變通模式：Havelock （1978）指出幾種改革模式，分別是研究、發展及擴散模式、社會互動模式及問題解決模式（林秀容，1996）。

1.研究、發展與擴散模式
2.中心與周邊模式（Center-Periphery Model，CP模式）
3.問題解決模式（Problem-Solving Model，PS模式）
4.互動模式（Interaction Model）
5.統合模式（Integration Model）

九年一貫課程核心價值示意圖

Unit 7-2 九年一貫課程基本理念

九年一貫課程基本內涵至少包括：人本情懷方面：包括了解自我、尊重與欣賞他人及不同文化等。統整能力方面：包括理性與感性之調合、知與行之合一、人文與科技之整合等。民主素養方面：包括自我表達、獨立思考、與人溝通、包容異己、團隊合作、社會服務、負責守法等。鄉土與國際意識方面：包括鄉土情、愛國心、世界觀等（涵蓋文化與生態）。終身學習方面：包括主動探究、解決問題、資訊與語言之運用等。

國民中小學之課程理念應以生活爲中心，配合學生身心能力發展歷程；尊重個性發展，激發個人潛能；涵泳民主素養，尊重多元文化價值；培養科學知能，適應現代生活需要。 爲實現國民教育目的，需引導學生致力達成課程目標。

爲達成課程目標，國民教育階段的課程設計應以學生爲主體，以生活經驗爲重心，培養現代國民所需的基本能力。十大基本能力說明如下：

1.**了解自我與發展潛能**：充分了解自己的身體、能力、情緒、需求與個性，愛護自我，養成自省、自律的習慣、樂觀進取的態度及良好的品德，並能表現個人特質，積極開發自己的潛能，形成正確的價值觀。

2.**欣賞、表現與創新**：培養感受、想像、鑑賞、審美、表現與創造的能力，具有積極創新的精神，表現自我特質，提升日常生活的品質。

3.**生涯規劃與終身學習**：積極運用社會資源與個人潛能，使其適性發展，建立人生方向，並因應社會與環境變遷，培養終身學習的能力。

4.**表達、溝通與分享**：有效利用各種符號（例如，語言、文字、聲音、動作、圖像或藝術等）和工具（例如，各種媒體、科技等），表達個人的思想或觀念、情感，善於傾聽與他人溝通，並能與他人分享不同的見解或資訊。

5.**尊重、關懷與團隊合作**：具有民主素養，包容不同意見，平等對待他人與各族群；尊重生命，積極主動關懷社會、環境與自然，並遵守法治與團體規範，發揮團隊合作的精神。

6.**文化學習與國際了解**：認識並尊重不同族群文化，了解與欣賞本國及世界各地歷史文化，並體認世界爲一整體的地球村，培養相互依賴、互信互助的世界觀。

7.規劃、組織與實踐：具備規劃、組織的能力，且能在日常生活中實踐，增強手腦並用、群策群力的做事方法，與積極服務人群與國家。

8.**運用科技與資訊**：正確、安全和有效地利用科技，蒐集、分析、研判、整合與運用資訊，提升學習效率與生活品質。

9.**主動探索與研究**：激發好奇心及觀察力，主動探索和發現問題，並積極運用所學的知能於生活中。

10.**獨立思考與解決問題**：養成獨立思考及反省的能力與習慣，有系統地研判問題，並能有效解決問題和衝突。

九年一貫課程與教育典範對照表

典範	分析—實證典範	詮釋—理解典範	批判—解放典範	後現代典範
知識論	認定知識存在因果律的機制，事實與價值分離，認知主體和客體對立，且知識是被決定的。在認知過程中強調「價值中立」。	知識乃由人類心智去認知、建構而成，並非符應外在的客體，而是人與外在客體互動的過程與結果。重視主體的能動性。	強調認知主體的自主性意識，認為知識的產生、分類和評價，大都在社會情境中產生，因此重視思想與行動之間的辯證關係。	從過去的強調積累知識之基礎，轉而走向發現和創造知識，從「差異」的立場，向同一性的普遍理性及集體主義宣戰，從「什麼知識最有價值」轉向「誰的知識最有價值」。
方法論	其方法論建立在自然科學的基礎上，主張以「假設—演繹」模式為典範。認為世界是可以數理資料來呈現，肯定唯一真理，研究目的在於發現。	注重研究中，研究對象表達的主體性，強調歷史脈絡與平等的研究關係。主張研究應以「對象」特性為優先考慮，在決定方法，以「理解」和「詮釋」的觀點出發。	肯定「解釋」和「理解」的重要性，但必須放入歷史、政治、經濟、社會文化等背景來分析，才能深入的、全面性的掌握現象的本質。	質疑「鉅型論述」，不主張有絕對普遍的知識存在。否定唯一真理、普效性原則，認為研究並無固定的方法，而是採多元檢核的概念，如三角檢證。
相對應之九年一貫課程理念	量的評量，紙筆測驗、總結性評量、基本學力測驗、組織、運用科技。	質化研究、以學生為中心、因材施教、人文關懷、小班教學、統整課程、表達、分享、尊重他人、關懷社會。	鄉土教育、鄉土語言、同儕視導、學校本位課程、帶好每位學生、終身學習、教育鬆綁、主動探索、獨立思考、溝通、實踐研究。	真實評量、能力本位、帶得走的能力、國際化和本土化、行動研究、學習型社會、多元文化、合作學習、終身學習、資訊融入教學、團隊合作。

※ 資料來源：本表由作者自行編製。

Unit 7-3 九年一貫課程綱要理論分析

一、人本主義

1.學習以學生爲主體，以學習權取代教育權。

2.適性發展帶好每個學生，提供空白課程落實適性化教育，提供學生自我學習及實現的機會。

3.人本情懷積極照顧弱勢，提供積極性差別待遇（以公平對待公平，以不公平對待不公平）。

二、後現代主義

世紀末的台灣現狀，反映著「後現代」（post-modern）解構圖像，在「去中心化」（de-centralized）、反權威、反體制、非連續性、多元化的時代精神影響下，引領課程改革的走向，重點如下：

1.**差異策略：**反對同一性、由上而下的課程，採取學校本位課程，課程發展多元。

2.**對抗文本：**單一版本的知識霸權意味著知識霸權形成知識宰制，而多元文本打破權力透過知識合法化的迷思，以及對眞理的窄化。教科書是學習資源之一，而非唯一的聖經，如此有利於思想的解放與自主的學習。

3.**對抗記憶：**記憶常以特殊生活經驗爲主，人類的經驗累積不必然是有效用的，甚至會成爲負擔。在課程中的記憶代表著意識型態，應是多元相對的立場，從不同的角度重組經驗。

三、知識社會學

知識成爲課程中的主要內涵，知識社會學的研究就指出知識的分類、分配和傳遞，與社會中的權力結構和分配有關。要義如下：

1.知識是課程的主要內涵，涉及價值選擇，同時也指涉權力的結構與分配，不同社會其知識結構亦不同。

2.課程可分爲兩類（伯恩斯坦），與教師權威有關；

(1)聚集型：愈傳統的社會，知識分配愈集中，知識結構傾向分化而獨立。

(2)統整型：民主開放社會，知識分配走向世俗化和多元化，知識結構傾向統整，學科疆界較爲模糊。

九年一貫課程「綱要」走向「統整型」課程是相當的明顯，同時它對不同學科知識在分類強度的僵化上，企圖打破並行重組學習經驗，也有走向「知識世俗化」的傾向。

四、多元智慧理論之應用

多元智能理論是由美國哈佛大學教育研究院的心理發展學家迦納（Gardner）在1983年提出。將理論用於兩方面：(1)可以利用多元智能理論來發掘資優學生，進而爲他們提供合適的發展機會，使他們茁壯成長。(2)可以利用多元智能理論來扶助有問題學生，並採取對他們更合適的方法去學習。

《九年一貫課程綱要》針對學生能力的培養，便是朝著多元智慧的理論去推動新的課程教學理念，期望課程改革對於學生的能力與學習效能有所助益。

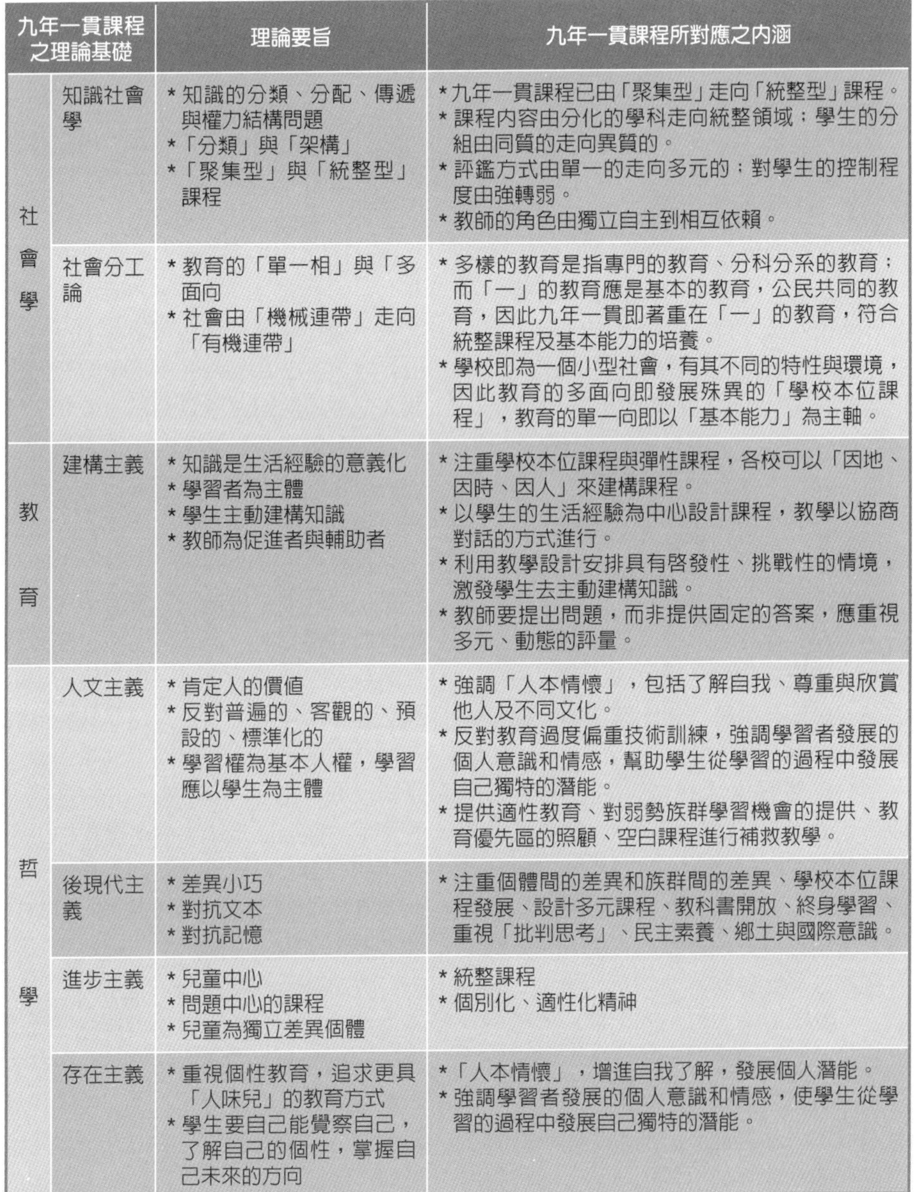

九年一貫課程之理論基礎與內涵對照表

九年一貫課程之理論基礎		理論要旨	九年一貫課程所對應之內涵
社會學	知識社會學	* 知識的分類、分配、傳遞與權力結構問題 * 「分類」與「架構」 * 「聚集型」與「統整型」課程	* 九年一貫課程已由「聚集型」走向「統整型」課程。 * 課程內容由分化的學科走向統整領域；學生的分組由同質的走向異質的。 * 評鑑方式由單一的走向多元的；對學生的控制程度由強轉弱。 * 教師的角色由獨立自主到相互依賴。
	社會分工論	* 教育的「單一相」與「多面向」 * 社會由「機械連帶」走向「有機連帶」	* 多樣的教育是指專門的教育、分科分系的教育；而「一」的教育應是基本的教育，公民共同的教育，因此九年一貫即著重在「一」的教育，符合統整課程及基本能力的培養。 * 學校即為一個小型社會，有其不同的特性與環境，因此教育的多面向即發展殊異的「學校本位課程」，教育的單一向即以「基本能力」為主軸。
教育	建構主義	* 知識是生活經驗的意義化 * 學習者為主體 * 學生主動建構知識 * 教師為促進者與輔助者	* 注重學校本位課程與彈性課程，各校可以「因地、因時、因人」來建構課程。 * 以學生的生活經驗為中心設計課程，教學以協商對話的方式進行。 * 利用教學設計安排具有啓發性、挑戰性的情境，激發學生去主動建構知識。 * 教師要提出問題，而非提供固定的答案，應重視多元、動態的評量。
哲學	人文主義	* 肯定人的價值 * 反對普遍的、客觀的、預設的、標準化的 * 學習權為基本人權，學習應以學生為主體	* 強調「人本情懷」，包括了解自我、尊重與欣賞他人及不同文化。 * 反對教育過度偏重技術訓練，強調學習者發展的個人意識和情感，幫助學生從學習的過程中發展自己獨特的潛能。 * 提供適性教育、對弱勢族群學習機會的提供、教育優先區的照顧、空白課程進行補救教學。
	後現代主義	* 差異小巧 * 對抗文本 * 對抗記憶	* 注重個體間的差異和族群間的差異、學校本位課程發展、設計多元課程、教科書開放、終身學習、重視「批判思考」、民主素養、鄉土與國際意識。
	進步主義	* 兒童中心 * 問題中心的課程 * 兒童為獨立差異個體	* 統整課程 * 個別化、適性化精神
	存在主義	* 重視個性教育，追求更具「人味兒」的教育方式 * 學生要自己能覺察自己，了解自己的個性，掌握自己未來的方向	* 「人本情懷」，增進自我了解，發展個人潛能。 * 強調學習者發展的個人意識和情感，使學生從學習的過程中發展自己獨特的潛能。

資料來源：本表由作者自行編製。

Unit 7-4 九年一貫課程學習內容

爲培養國民應具備之基本能力，國民教育階段之課程應以個體發展、社會文化及自然環境等三個面向，提供七大學習領域與重大議題，分別是：

1.**語文：**包含本國語文、英語等，注重對語文的聽說讀寫、基本溝通能力、文化與習俗等方面的學習。

2.**健康與體育：**包含身心發展與保健、運動技能、健康環境、運動與健康的生活習慣等方面的學習。

3.**社會：**包含歷史文化、地理環境、社會制度、道德規範、政治發展、經濟活動、人際互動、公民責任、鄉土教育、生活應用、愛護環境與實踐等方面的學習。

4.**藝術與人文：**包含音樂、視覺藝術、表演藝術等方面的學習，陶冶學生藝文之興趣與嗜好，俾能積極參與藝文活動，以提升其感受力、想像力、創造力等藝術能力與素養。

5.**自然與生活科技：**包含物質與能、生命世界、地球環境、生態保育、資訊科技等的學習、注重科學及科學研究知能，培養尊重生命、愛護環境的情操及善用科技與運用資訊等能力，並能實踐於日常生活中。

6.**數學：**包含數、形、量基本概念之認知、具運算能力、組織能力，並能應用於日常生活中，了解推理、解題思考過程，以及與他人溝通數學內涵的能力，並能做與其他學習領域適當題材相關之連結。

7.**綜合活動：**舉凡能夠引導學習者進行實踐、體驗與省思，並能驗證與應用所知的活動，包含原童軍活動、輔導活動、家政活動、團體活動，以及運用校內外資源獨立設計之學習活動。

重大議題說明，如下：

(1)性別平等教育：「性別平等教育」目的在於教導學生認知個人的成長發展，與社會文化脈絡有著密不可分的依存關係。(2)環境教育：環境教育藉由個人對環境問題所應負責任的覺知，積極正面環境態度的養成。(3)資訊教育：在資訊化的社會中，培養每個國民具備運用資訊科技的基本知識與技能，已爲世界各國教育發展的共同趨勢。(4)家政教育：家政教育係統整自然科學、人文社會與藝術知能，以改善生活之實踐教育活動。(5)人權教育：人權教育的中心思想是不斷地探索尊重人類尊嚴和人性的行爲法則，促使社會成員意識到個人尊嚴及尊重他人的重要性。(6)生涯發展教育：生涯發展是個人生命歷程中不可或缺的一環，以充分發揮個人潛能，進而適應社會變遷。(7)海洋教育：台灣是個被海洋環繞的海洋國家，國民應具備充分認知海洋、善用海洋的能力。

海洋教育應強化對整體自然環境的尊重及相容並蓄的「海陸平衡」思維，將教育政策延伸向海洋，讓全體國民能以台灣爲立足點，並有能力分享珍惜全球海洋所賦予人類的寶貴資源，以達成「台灣以海洋立國」的理想。

九年一貫課程與傳統課程之比較

新舊課程比較／轉變項目	傳統課程	九年一貫課程	轉變後的特質
課程本質	課程標準	課程綱要	課程鬆綁，賦予學校、教師專業自主權。
學校行政	由上而下，全國統一	由下而上，激發學校本位課程發展	尊重學校、社區間的差異性，使行政運作及課程實施有彈性。
學科分合	分科課程	學習領域	統整零碎知識、生活化的學習，使學生的知識和生活經驗相結合。
學習內涵	知識記憶	基本能力	強調帶得走的能力展現，而非背誦的知識。
學習方式	個別學習	分組、實踐、合作學習	學習並非單打獨鬥、培養人際溝通、分工合作能力。
時間安排	填滿時間	空白課程	增加彈性學習節數，教師擁有更多彈性自主空間，引導學校發展特色與培養學生自主學習習慣。
教學方式與型態	教師主體、教室王國	學生主體、協同教學	教師發揮所長，達成各單元之教學成效，並均衡教師間之工作負擔。
教師專業自主	官定課程執行者	課程設計者、主動研究者	賦予教師更多專業自主的權利，亦要求教師相對提升專業的義務。
教材來源	運用現成教材	改編、自編教材	不僅賦予教師自編教材任務，亦提供法源基礎。
教學評量	單一化紙筆測驗	多元評量	內容兼顧認知、技能、情意三方面，為人性化、多元化教學評量的理念。
家長參與度	未納入家長參與部分	顧及家長因素	邀請家長參與，並建立「家長告知制度」。

資料來源：李坤崇、歐慧敏（2002）。國民中小學新舊課程銜接理念與解析。載於中華民國課程與教學學會與台南師院（2002）主辦：第六屆課程與教學論壇研討會，15 之 1-29 頁，2002 年 11 月，台南師院。

Unit 7-5 九年一貫課程的課程美學論述

美學源自於希臘文，原意不外乎理解（perception），也就是透過感官去感覺與理解，所謂的「美感經驗」乃源自主觀內心與客觀事物間的交互關係（陳伯璋、張盈堃）。而將課程理解爲美學文本的基礎，可追溯自M. Greene提出的美學經驗讓我們成爲追求意義的存在，藝術和美學的獨特性可以讓現實多樣化、觀點多元化，與藝術的相遇，帶來許多思考與質疑。因此，重視實踐的美學課程論述，說明如下：

Madeline R. Grument概述存在美學（existential aethetic）文本的三個要素，課程是美學產品，也是技術產品，包含角色和場景；課程會在日常生活經驗的現實中凸顯出來；課程一旦出現，和日常生活經驗交織，這種美學批判要求我們承認課程是意義的世界。

Eisner（1985）認爲美學是一種認識論，是一種求知的方法。所有感官知覺世界、利用各種媒介創造意義、利用再現方式表達經驗、加強想像創造和好奇心、充實美學素養或藝術智慧。Eisner（1998）曾言：「聽音樂、看風景、感覺到衣服的質地，並非成熟的自然結果。學習如何經驗這些素質，就是在學習如何運用我們的心智（mind）。」Eisner用鑑賞作爲教育批評的概念，運用生態學概念提出五個維度，即目標維度、組織維度、課程維度、教學維度和評鑑維度，並闡述教育批評具有描述、解釋、評價和主題四個維度。

傳統受到理性的控制，忽略從美學的觀點去探討教育。美的本身不容易界定，如果太眞就缺少美感，且要從嘗試中去覺醒。體驗也是課程美學的重要特徵之一。而美學時刻是一種存有，確立個人在世界上的中心地位。

任一政治意識型態控制，內容的選擇要經由挑戰、質疑、爭論和批判。承認相對利益的存在，可互相調適；允許個人的詮釋，地方政府、學校、教師、學生都有決定課程的自由，但要經過民主的決定，以維護教育決策的公道和正義（Kelly, 1999）。

課程不再是經由有秩序的、可預測的過程，獲得穩定的輸出，以維持穩定和平衡；課程變成是文本（text），是故事（story），是告訴孩子們關於我們的過去、現在和未來的團體的故事。混沌理論引導我們思考：在開放的、非均衡的系統中運作的可能性和個殊性，以及非線性的、自我反省的、非反覆的動態關係。

陳伯璋、張盈堃（2007）提出教育美學即是在結合美學與教育研究，以更寬廣的視野來看待藝術、文化與生命存有之間的關係，了解審美經驗在教育中的價値，評析社會中的文化現象等，也因此不只是在教導學生如何創作與欣賞藝術品而已。此外，Pinar提及移情（empathy）的理論問題，移情是欣賞教育情境的一個部分，可能是內隱的，也可能是外顯的，但Pinar表示教育批評家要謹愼，在進行移情理解時，不要失去自己的批評距離。並提出把課程理解爲美學文本，質疑日常、傳統的東西，要求我們從深陷的感知中爬出來，好像第一次見到它。

教育美學四派一覽表

派別	論點	代表	美感經驗的重點
自然主義	強調需要從自然主義經驗論的角度切入，教學就是一種藝術，真正的教師就是藝術家。	美國教育家 John Dewey	原則有理解和強化（intensification）、接收性（receptivity）情感的投入。
社會批判	美學的集體意識及社會解放的美感	Landon Beyer（2000）提及馬克思主義美學觀	美學探究強調藝術教育和課程只能透過對社會、經濟、文化和知識歷史發展關係叢結裡，從中才能理解美的意義和價值（引自 Pinar, et al.,）。
藝術鑑賞	強調評鑑需要感知到學校教育的品質，認為評鑑的型態不需要限定單獨的表現，而應允許學生選擇代表的形式（Eisner, 2002）。 Vallance 認為美學探究不是幫助預測課程研究或實施的因果法則，或者建立實施的通則，相反地更需要注意特定課程事件的意義。	Elliot Eisner 和 Elizabeth Vallance	Eisner 指出評鑑在課程上具有診斷、修正、比較、預測教育需求、確定目標達成程度。 Vallance 的方法論帶著詮釋理解和建構論的色彩，存有論則強調主體的客觀（如作品）間的交互作用，它是一開展、蛻變的過程，而非囤積式的美感經驗。
美學文本取向	「藝術始於理解，終於驚奇」雖為 Dewey 的名言，但同時也是美學文本取向的起點，此派強調美感經驗即是想像的、驚奇的，同時認為美學文本需要重視教育實踐的創造性、溝通和合作。	Jan Jagodzinski, Daiyo Sawada 和 Karen Hamblen 等人	Jagodzinski 認為美學倫理和政治是相互交織在一起，課程作為美學文本代表了政治和道德義務，不斷地與現實對抗。

資料來源：陳伯璋、張盈堃（2007）。

Unit 7-6 對九年一貫課程改革的檢討與建議

九年一貫課程改革政策的實施十分倉促，師資結構與師培機構未及因應，政策理念雖立意良好卻未能向大眾說明，以致社會與民間團體的反彈不斷，不僅造成老師不知道怎麼教，學生也不清楚怎麼學，家長更對教育政策充滿懷疑與不信任。整理黃政傑（1999）、黃宗顯（2001）及歐用生（2004）的觀點，說明九年一貫課程改革的缺失如下所列：

一、師資培育規劃不及，品管研究不足

課發會及領域小組囿於教師工作負荷、專業知能有限、參與意願低落等因素，導致功能不彰，而現職教師統整課程設計、協同教學、資訊融入教學等投入熱忱與專業學養均不足。

二、學校缺乏自主能力，校園特色難以趕上政策

九年一貫的理想是使校園自主，因此保留一定的比例由學校自行設計特色內容，避免教材單一化，並可強化族群與文化連結，但家長與學校面臨此大幅改變均調整不及。

三、明星學校試辦，一般學校難行

教育部遴選的試辦學校，大多為師範體系學校附小，或其餘縣市資源豐沛的明星學校，一般小學望塵莫及。

四、能力取代學科，社會信心不足

家長對九年一貫的認知不足，對於能力如何取代學科知識，家長與基層教師普遍採取質疑的態度，對於小六升國中的課程如何銜接更深感惶恐，擔心孩子可能素質低落。合科教學的實施，未考量教師的專業廣度不足以應付，統整課程反而使教師變得不專業。

五、課程公共論述不足

九年一貫課程的實施，從研擬暫行綱要到實施（含實驗）不到五年，其中有關重要理念，如課程統整、能力指標、協同教學、學校本位學位課程、空白課程等，缺乏引介和討論。

六、教學方式未考慮偏鄉小校，貿然裁併將影響受教權

為配合九年一貫，創新教學方式，教育部鼓勵合作、協同教學，一反小班小校理念，亦犧牲偏鄉學童之受教權益，忽略交通問題對學童所帶來的困難。

七、檢討空無課程，缺乏環境、媒體素養等社會議題

學者、家長與社會各界對於九年一貫未納入的空無課程部分，提出了許多建議，指出心算、影視欣賞、環境與資源道德的教育付之闕如，可能使學校只教知識，不重品行，反使升學壓力大增，出版商成為最大獲利者等等。

九年一貫課程改革出現的種種疑慮不斷出現，各界反對聲浪也此起彼落。因此除了對社會、家長、學校、學生加強溝通與宣導，透過實質的分析與廣泛的討論，徵詢各家意見，適足以針砭其弊處，對症下藥，找出其關鍵因素，使課程不斷進行調整與修正。

以九年一貫課程改革為例，探討變革八部曲

步驟	情勢	問題
一	民間與學界推動教改聲浪高	基層教師危機意識尚未提升。
二	領導團隊成立，如有李遠哲領導的教改專案小組，其聲望雖高，但教育專業公信力有待商榷	主權在教育部，李先生所領導的小組給予建言，兩者間多種作業重疊，權責不清。整體變革領導之形式章法紊亂，公信力和專業聲望又無法服眾，增加各種阻礙。
三	口號有「背不動的書包，帶得走的能力」、「課程決定權力下放」、「提升教師專業自主權」等等	願景雖有提出，可是相應配套措施失調。各界詮釋觀點不同有待溝通，實際作為有背離之處，如小學生覺得課業負擔增多，而非減少。校本課程的實行在初期很多仍止於紙上作業。
四	從民國82年即有新課程改革進行，曾舉行很多大型商討會議，歷時多年，廣納各界人士意見。民國88年改提出九年一貫課程改革，90年正式上路	商議階段只在高層如校長或教育行政人員和民間重要人士。有很多基層教師持觀望態度，溝通未達基層，造成正式實行時，基層教師和家長對政策不解與反彈。
五	現在移除變革障礙的方式是高層強力執行，無論如何繼續進行的心態	改革的沮喪處處可見：學生升學情緒不穩、課業壓力增大、家長憂心孩子的競爭力、競相補習、被視為多「元」改革、教師教學信念轉換產生衝突、整體配套措施不健全。
六	最明顯的是考試題目型態轉變，造成教學活動轉變。但教育的改變往往無法立竿見影，尤其是深層的意識型態	初期的混亂確實造成質疑，但是勢在必行的手段，使人開始改變心態，有所行動，在此可說是一助力，只是此舉無法改正根本教育問題，如升學與成績和心態等。
七	持續不斷的變革，以助改革願景的實現	基層的轉變開始動起來，只是早期各項改革往往很容易雷聲大雨點小，如小班教學精神之推動、精熟學習等。有此前車之鑑，改革若為良好者更應持續。但是仍有質疑九年一貫課程造成的變革是否更好。
八	對改革與變動和不穩定的體認已經加深，尤其是基層教師	九年一貫課程欲轉「由上而下」為「由下而上」，但其權力之下放可行度與措施為何，政策之反覆仍是深層阻礙。

作者自行整理。

第 8 章

課程領導

章節體系架構 

轉型的課程領導，依據解放的建構主義規範，強調道德的領導，不僅重視效果、效率和績效責任等技術性的概念，更強調重塑新的學校組織和文化，以支持合作探究，實施有想像力的教學，加強批判反省的能力，提高學習品質。

課程決定的政策，在長期中央化之下，校長以及校長之外的課程領導者，其課程領導能力，可想而知已消失殆盡，有待重新投入與成長。學校本位的課程發展是近年來極受重視的課程改革觀念，如何透過強調學校本位發展的九年一貫課程改革，重新定位校長的課程領導角色，以及提升學校課程領導相關人員的課程管理能力，對校長而言，實屬一大難題與挑戰。（菁莪季刊，2002，10 期，頁 53-56）

有鑑於此，本章將課程領導的意義、發展階段、落實課程領導的有效策略、學校中的課程領導者及課程領導的問題與展望等，作詳盡的說明，並提供教育行政人員及教師進行課程領導的參考。

Unit 8-1 課程領導的意義

課程領導主要是指在課程發展過程中，對於學校本位的課程發展、課程實施和課程評鑑，以及教室層級的教學設計、教學方法和教學評量等提供支持與引導，以幫助教師有效教學和提升學生學習效果。換句話說，是課程決定者與課程發展參與者間的互動，其目的乃是希望透過介入策略以及應用學校團體活動的運作歷程，來有效達成課程目標（高新建，2002）。

課程領導（curriculum leadership）係指在課程發展過程中，對於教學方法、課程設計、課程實施和課程評鑑提供支持與引導，以幫助教師有效教學和提升學生學習效果（吳清山、林天祐，2001）。

成功的課程領導乃是以校長爲關鍵的推動者，以校長之外的其他學校重要人物（含處室主任、組長、教學研究會召集人、活動承辦人、行動研究小組、實作小組、種子教師、級導師、教師會會長、相關諮詢人員等）爲促進者，同時必須根基於組織成員與團體的持續成長，才能設計出多元、適性、有效的學校本位課程。

校長與學校其他重要人物的主要任務，有評估情境、成立任務小組及運作、訂定課程願景及目標、發展課程架構及設計課程方案、解釋與準備實施課程方案、實施課程方案、檢視進度與問題、評鑑與修正，以及維持與制度化等九項（引自高新建，2002）。

葛拉松（Glatthorn, 2000）認爲課程領導之定義爲：課程領導所發揮的功能是在使學校的體系及其學校，能達成增進學生學習品質的目標。此定義強調領導乃是使整個制度和個人達成目標的過程。這些目標乃是目標導向的，課程領導最終的目的，乃是要提供高品質的學習內容給學生，以便增進學生的學習成效（課程領導理念與實務探討：以九年一貫課程實施爲例，張素貞）。

歐用生（2006）則提出轉型的課程領導觀，強調要喚醒教師的課程意識，覺醒習焉不察的理論，覺醒自己就是課程理論家，就是教育哲學家，能賦權增能，達成專業的判斷和自主。

綜上所述，課程領導係指組織的領導者，爲達成縣市、學區或學校課程總體規劃設計與發展實施，以具備的課程哲學爲基礎，透過各項領導作爲、整合各項資源，有效帶動教育環境相關人員從事課程規劃、設計、發展、實施及評鑑的歷程，其目的在使提供學生有品質的學習計畫，進而提升學習成效稱之。

課程領導的相關研究

Dimmock & Lee (1999) 中學課程領導和管理以香港個案研究	・以個案研究法針對兩所香港中學校長、副校長、資深教師、教師進行研究，結果為： 1. 課程領導與教學領導契合，密不可分；2. 課程領導內涵焦點在於有效教學；3. 課程領導發揮支持系統與服務教學。
陳慕賢 (2003) 國小校長課程領導與教師教學效能關係之研究	・以新北市國小校長與教師為對象，採用文獻分析法、問卷調查法、訪談法，結果為： 1. 校長與教師均肯定校長課程領導與教師教學效能；2. 校長實施課程領導有助於提升教師教學效能；3. 促進教師專業成長對於整體教師教學效能的預測力最高。 ・陳慕賢（2003）。國民小學校長課程領導與教師教學效能關係之研究：以台北縣為例。未出版之碩士論文，國立政治大學教育研究所，台北。
蘇美麗 (2003) 國小校長課程領導角色與策略之研究	・採個案研究法以一位國小校長為對象，結果為： 1. 校長課程領導角色分別為願景帶動者、課程計畫的推動者、課程實施的支持者、課程評鑑的評估者，以及課程經營的授權者。2. 困境：資料過多、教師抗拒、學校偏僻、家長能力與觀念、學校本位因素等。 ・蘇美麗（2003）。國小校長課程領導角色與策略之研究。未出版之碩士論文，國立中正大學教育研究所，嘉義。
沈水柱 (2004) 國中校長課程領導之行動研究	・以一位國中校長為對象，採取文獻分析法、訪談法及文件分析法與參與觀察法，結果為： 1. 國中校長是學校中主要的課程領導者，擔負著多元且複雜的課程領導責任，也扮演著多樣的課程領導角色。2. 歷經組織、規劃、實施、回饋等階段，發展學校本位課程。3. 國中校長普遍重視課程領導，逐漸發展出課程領導模式和做法。
薛東埠 (2004) 國中校長課程領導與學校效能相關研究	・以全國國中校長為對象，採用問卷調查法，結果發現： 1. 校長實施課程領導確實有助於提升學校效能。2. 影響校長課程領導主要因素：人員與缺乏制度。3. 課程領導、課程領導實施困境與學校效能有顯著相關。

Unit 8-2 課程領導的發展階段

Tanner（1995）將課程發展分為三個層級：模仿守成層級、調適層級、生產創造層級。課程領導的歷程就是在引導教師能達到生產創造的層級，讓教師能夠運用同儕間的合作、互動，產生學校課程革新的目的。

黃旭鈞（2003，頁2-5）認為課程領導的發展可追溯到1970年代，其發展可分四個時期：要素確立期、概念發展期、模式建立期及實際應用期。以下將引用他的研究觀點，說明如下：

一、第一階段：要素確立期

此時期最主要的發展在確立課程領導的要素及其特徵，黃旭鈞引用Pickering及Ross的研究，說明了課程領導在此時期主要在釐清課程領導的主要因素，包括了課程要素與領導要素，其中課程要素主要在課程發展與管理，領導要素則包括了支持課程發展的團隊合作、激勵、溝通等行政領導要素。

二、第二階段：概念發展期

此時期最主要的發展在確立課程領導的功能與任務，黃旭鈞並指出Bradley的課程領導者的六項任務研究、Glatthorn的課程領導者的十一項職責研究、Hatfield的實施同儕課程領導者的六項組織要素研究、Fielding的課程領導者的四項任務研究及Bailey的十二項課程領導守則研究為此階段較具代表性的論述。

三、第三階段：模式建立期

此時期主要是指課程領導的概念發展已漸趨完整，而逐漸建立一些課程領導模式。黃旭鈞舉美國的「課程領導中心」（CLI）模式及加拿大的「DIME模式」為例來說明。前者的「CLI模式」指美國Kansas州的Emporia州立大學和幾所公立中小學所組成的團隊所成立的「課程領導中心」（Curriculum Leadership Institute, CLI），後者的「DIME模式」指加拿大薩克其萬省教育廳所發展的模式，該模式指出新課程發展經過四個時期：發展（development）、實施（implementation）、維護（maintenance）和評鑑（evaluation）。

四、第四階段：實際應用期

此時期指課程領導模式建立完成後，如「CLI模式」和「DIME模式」都已加以推廣實施且行之有年。透過課程領導模式的實際應用，可指引課程領導實務的進行，驗證與修訂課程領導模式，縮短課程領導理論與實踐之間的差距，至此，課程領導模式已邁入實際應用時期。

課程領導是一門藝術，沒有一套放諸四海皆準的模式，校長應採用多樣的課程管理策略，選擇合適的領導及管理作為，彈性的扮演各種角色，以利新課程的研發、解讀和推廣。校長之外的其他重要人物則應主動發揮對課程和教學的影響力，使學校成為課程發展與課程改革的中心，為學生提供多元適性的課程與學習經驗。

課程領導組織

學校課程發展委員會	專門小組	教學團隊
由教師、家長、社區成員、教育局的官員和大學教授（可能時或必要時）等，具有不同的社會、文化背景、興趣或利益、角色和信仰的人來擔任。 主要職責包括： 1.蒐集和分析課程故事和課程構圖（curriculum maps），以描述和了解教師與學生在課堂裡的真實情況。 2.檢閱州和全國性的課程標準，並檢討區域、州及國家未來的課程方案。 3.提出課程的基礎，包含目的、標準和理論架構，以引導教師選擇內容、選取或發展材料、設計活動，以及評量學生的思想和行為。 4.發展概念性的願景，描繪整體課程的圖像，包括主要的組織中心、重要內容、重要學習材料、學習活動範例及可能的評量方式，和針對所提的課程設計，計畫和辦理社區的論壇。	1.特定任務小組：例如法規組、研究組、評鑑組等。 2.特定課程小組：包括語文、社會、自然與生活科技、數學、藝術與人文、健康與體育、綜合活動等七大學習領域課程小組。 3.科際整合小組：包括學校特色、彈性節數等跨領域的課程小組。	1.學習領域教學團隊，由單一學習領域的相關專長教師組成，例如，歷史、地理和公民等各科教師組成「社會學習領域」的協同教學團隊。 2.跨領域教學團隊，由數個領域的不同專長教師組成，例如，社會、自然與生活科技、數學等領域的教師，針對某個科際整合的主題，組成「主題」協同教學團隊。 3.班群教學團隊，由三、四個或數個班級共同組成「班群」協同教學團隊。

資料來源：Henderson, J. G. & Hawthorne, E. D. (1995). *Transformative curriculum leadership*. Upper Saddle River, NJ: Prentice-Hall.8-3.

Unit 8-3 落實課程領導的有效策略

T. J. Foriska（1998）認爲學校課程發展的過程，是相互回饋的互動循環過程，首要步驟是願景目標的設定，接著據以發展課程，其次爲選擇有意義的綜合評量方式，然後爲人員的專業成長（引自黃嘉雄，1999）。

一、建構學校共享的願景

願景乃是學校衡酌本身的內外在條件和屬性，爲未來發展所勾勒可達成的前景、願望或較長遠目標。願景是行動的方針，形塑學校形象的指標，凝聚組織成員力量的催化劑，更是組織追求進步並賴以永續發展的憑藉。從學校課程發展的角度，亦需先建構學校的願景，以作爲凝聚教師力量的催化劑，並成爲學校課程規劃、設計、實驗、正式、實施以及評鑑的指針。不過，願景如要有上述的功能，應讓學校成員參與建構的過程，如此願景才能成爲學校成員共享的願景。

二、重新定位校長與其他重要人物的課程角色

校長的課程角色定位爲關鍵的推動者以及學校本位課程發展的掌門人，積極熱忱且善用組織團隊，營造和諧與專業的學校氣氛，強調長期性目標和願景的倡導與建構，清楚表達對教師的期望。處室主任的課程角色，應重視目標與任務的要求，將任務明確的標準化。處室組長的課程角色，則強調與教師維持良好關係，傾向於傾聽、回應教師的需求，協助辦理各項教學活動。

三、將學校行政重心轉移為課程與教學領導

學校的主要任務是爲學生提供多元適性的課程，提供有效的教學與學習環境。所以，課程與教學應是學校本位經營的核心，校長更應將時間花在教學視導、課程發展，以及教室內的問題。主要核心工作有發展領域課程計畫草案、學校課程總體計畫、課程實施、課程評鑑，以及教師專業成長。

四、塑造對話、分享、參與、專業與開放的學校文化

發展學習型組織，架構專業對話的機制，鼓勵教師參與專業的成長與研究活動，應用專業知能參與課程規劃、設計與實驗，積極面對課程的正式實施以及評鑑學校的課程方案。

五、營造學校課程發展的支持性環境

行政支援與配合是學校本位課程發展的後盾，能有效引導學校課程與教學的革新。

六、架構課程革新所需的任務組織

一爲課程政策小組，如課程發展委員會（審定學校的課程計畫）；另一爲課程方案的規劃小組，如各學習領域的課程小組（發展領域課程計畫）或行動研究小組（針對學校現場問題或需要研發解決之道）或實作小組（推廣新的教學或評量方法）。

七、發展課程評鑑機制

監控課程實施的過程，檢視進度與問題，透過課程評鑑，來回饋與修正學校課程計畫以及課程實施過程。

Hanny等人研究課程領導應注意層面

資料來源：李錫津，課程與教學通訊第四期，2000年9月25日

層面	說明
教育層面	關注教育本質，階段性教育目標，時代脈動及未來趨勢，包括微觀、鉅觀、統觀等三個層次。
象徵層面	指的是價值和信念，從教師的同儕心理與價值導引起，進而改變態度，改變行為，改變習慣，改變教學性格，促進新觀念發展。
文化層面	指的是學校的生態及學校組織的認同與氣氛營造，應朝向學習型文化邁進，兼具理性、省思及思辯的校園風格，並發展合理與合適的課程。
人際層面	指的是人際關係的能力，具備包容及柔軟心胸與民主的尊重態度，具備圓融社會技巧，並基於誠意，廣結善緣且能統整不同意見，引導教師投入課程研發與實踐。
技術層面	指的是協調與領導才能，以成立各項委員會、工作小組和專業會談。透過精神鼓勵，理念引導與資源支持，結合人力與物力，營造適合開創課程的溫馨校園。

Unit 8-4 學校中的課程領導者

在一個學校，通常校長是主要課程領導人，在九年一貫課程實施後，課程發展委員會的負責人及領域實作小組負責人，由於採任務編組，這兩項組織負責人通常是由校長、主任、教學組長、學年主任及教學研究會召集人擔任；然而除了校長外，其他職務者都可能互相輪替擔任，因而可以稱得上人人都是領導者。以下分別敘述之：

一、校長

張素貞（2000）在《校長專業發展成長》一書中提出八項觀點：(1)了解並發展教師專長、調整師資結構；(2)設法調適教師的心態、溝通變革的必要性；(3)策劃學校本位進修、增強教師專業能力；(4)落實課程發展委員會及教學研究會的實質功能；(5)帶領行動研究、解決教學實際問題；(6)深化知識建構論的內涵與實踐；(7)整合校內外教學資源，以利學校本位課程發展；(8)爭取家長合理支持，重整家長與學校的關係。

校長在九年一貫課程的推動與實施，通常是擔任課程發展委員會的負責人，負責帶領教育環境相關人員建構願景、資源整合、調整組織、協調分工、實施教學及檢討成效，是關鍵角色，也是學校主要的課程領導者，期能多借鏡他人課程領導的經驗或透過各種學習管道和途徑使自己成長並具備能力。

二、主任與組長

通常以教務主任及教學組長在學校的課程領導中占有舉足輕重之地位，他們承校長之規劃成為中層管理人員，帶動學校教職員工及社區家長課程參與，成為課程理想與實踐的橋梁。其工作如下：擬定學年學校行事曆、協助組織「課程發展委員會」、推動「課程發展委員會」之運作、協助並規劃彙整「學校課程計畫」與學校願景、新課程理念及相關措施之宣導推廣和傳達、負責規劃課程管理工作、使能力指標能眞正九年一貫、提供相關教學行政支援、充實相關軟硬體設備、研訂學校教科書評選辦法。

三、學年主任

學年主任乃是學年教師與學校行政之間的溝通橋梁，學年主任帶領學年老師專業成長、組織班群、規劃班群教師之協同教學與學習活動，並定期對課程學習成效進行評鑑等，在學校亦是核心的課程領導者。其工作如下：(1)帶領學年教師、家長評選教科書；(2)擬定全學年的教學活動行事曆；(3)擬定各學習領域或各單元之教學計畫；(4)充實課程與補救教學；(5)有效課程管理；(6)定期進行課程評鑑。

四、教學研究會召集人：學習領域小組召集人

教學研究會成員來自全校教師依各專長或任教之學習領域分工所組成，其工作如下：(1)帶領研究會成員研讀課程綱要之學習領域和議題的能力指標；(2)帶領研究會成員研究創新教學之策略；(3)帶領研究會成員研擬教學計畫；(4)帶領研究會成員落實課程計畫與教學計畫；(5)申請並整合教學相關資源；(6)定期檢討教學成效。

Noddings關懷倫理學落實於校長課程領導之策略

校長人際關係之關懷領導作為問題

- 發展與教師、學生、家長、社區雙向之關懷關係，了解動機、全心接納。
- 言行一致、表裡如一、真誠關懷，獲取成員與利害關係人之信任。
- 支持與鼓勵，在成員需求時樂意伸出援手。
- 人性化關懷，尊重多元的聲音，同理成員的感受。
- 以身作則、提升價值、展現關懷倫理之使命。

校長在組織層面之關懷領導作為

- 重視賦權增能，將關懷融入科層體制，形成關懷權力（carion power）。
- 在成員需求與組織目標間，尋求中庸式動態平衡（dynamic balance）。
- 展現關懷熱忱、實踐教學—課程領導，孕育關懷之優良文化，融入課程教學。
- 溝通協調、深度對話（dialogue），傾聽不同的聲音。
- 尊重主體、鼓勵參與前瞻性之思維、在關懷的「吾—汝」關係中帶動創新。

校長在教育環境之關懷領導作為

- 內緣為基礎，外緣為依據，從封閉式之象牙塔辦學，迎向社會系統之生態。
- 掌握情境脈絡，Teonto表示：「唯有正義、多元、民主之社會中，關懷才有可能成長茁壯。」
- 正視民主政治對校園環境的影響，在資源有限、權力分配、價值多元中，妥善調適與協調，以真誠的關懷，化解行政、教師會、家長會之間的衝突與歧見。
- 關懷之倫理，應以學校為起點，擴展至家庭，深耕於社區，才能帶動關懷社會的轉型。

Unit 8-5 課程領導的問題與討論

葛拉松（Glatthorn, 2001）指出課程領導會發生的問題如下：(1)課程領導者不了解課程領導的性質，連校長都誤以爲課程領導是中央教育主管機關的問題，而非學校層級過問事項；(2)學校校長外務太多，找不出充裕時間來踐行其任務；(3)校長未能從學者專家處獲得足夠的協助，因有關課程領導之論文遠不如教學領導的論文多。

雲垚榮（2001）指出課程領導在學校可能發生的問題如下：(1)人選問題，即學校專業帶領者不足與教師調動頻繁問題；(2)學年任務分工不均，縱的聯繫有困難；(3)專業對話時間難覓；(4)課程領導者之權力與責任不相稱；(5)諮詢專家無法長期隨時協助且理念落差大。〔資料來源：雲垚榮（2001）。課程領導：專業關懷伴我向前行，輯於九年一貫課程教學創新easy go (一)。新北市：新北市政府。〕

王月美（2001）提出課程領導實際發生之問題與解決之道，如以下表格

問題層面	相關問題	解決之道
課程方面	1. 九年一貫課程的迷思 2. 教材增刪難取捨 3. 課程規劃難題重重 4. 課程統整打斷原有教材的連貫性 5. 評鑑歸準何在	應深入了解九年一貫課程之概念與內涵
學習領域小組的分組	1. 新教師有衝勁，但理念不夠 2. 開會時間過長	教師應有覺知與共識，有效發展學校課程
教學群組織	班群合作時，教師很難打破過去的教學模式	慎選班群成員，強調分工合作之成長
教師態度	有的教師跟不上學校改革步伐	多利用晨會宣導
研習進修	進修內容重複	事先調查教師的研習需求
學校事務繁忙	教師的負擔很多	校長應與教師協商解決之道
時間有限	行政占用太多時間	校長應與教師協商解決之道
多元評量實施之有效性	學習評量過分重視學習單 多元評量後，教師工作量增加	教師檢討後改進 教師應針對教學目標實施多元評量
學生心理反應	學生心情浮躁	了解學生心情
行政資源待整合	不知試辦工作如何做起	尋求校外資源協助
政策的困擾	教師擔心政策缺乏整體性的規劃	應重視基層的聲音

資料來源：王月美（2000）。國小校長課程領導之個案研究：以九年一貫課程試辦國小為例。國立台北師範學院課程與教學研究碩士論文，未出版。

課程領導研究領域內涵啓示圖

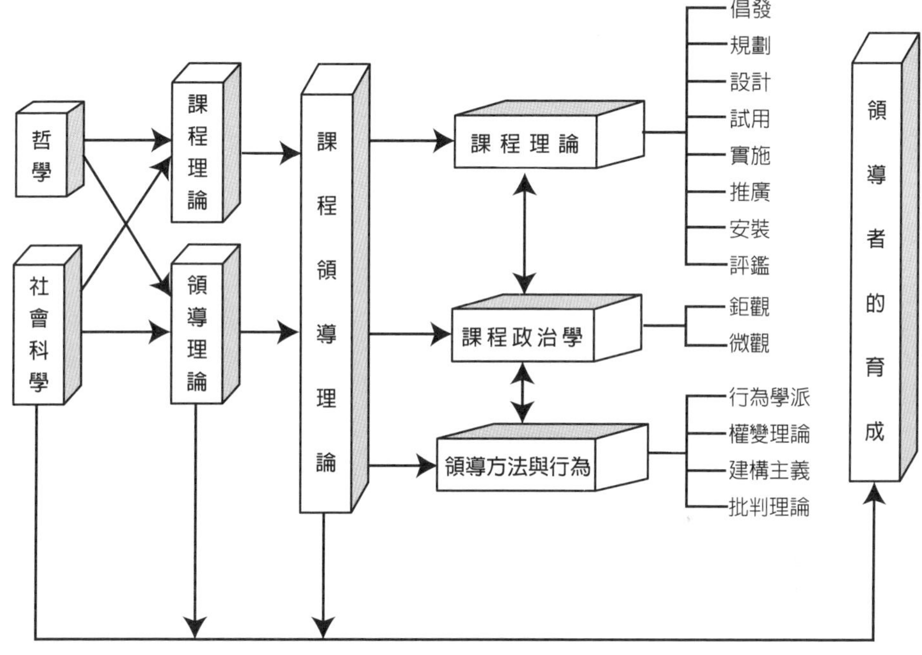

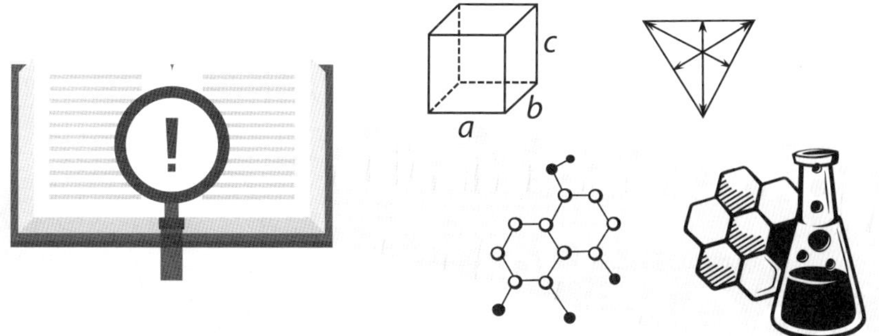

（黃嘉雄，2003）

第 9 章

課程結構與課程意義

章節體系架構 

課程可從兩方面來看：從課程設計者角度而言，課程是依據預定目標，使學生獲得特定學習經驗的一套計畫或教材。從學習者角度來說，課程是學生從課程設計者特意安排或無意圖的學習材料及實施歷程中，所獲得的合乎目標或目標以外的經驗。

職是之故，本章將先闡釋課程結構與意義，包含顯著課程（explicit curriculum）、潛在課程（hidden curriculum）、懸缺課程／虛無課程（null curriculum）；再介紹不同的課程結構觀點，諸如課程即科目、課程即經驗、課程即計畫、課程即目標、課程即研究假設等，作詳盡的說明並提供教師進行課程結構與意義思考和規劃的參考。

Unit 9-1 課程結構與意義

蘇東坡〈題西林璧〉：「橫看成嶺側成峰，遠近高低各不同，不識廬山眞面目，只緣身在此山中。」從課程知識內部的邏輯組織來看：以學科是分科或是統合組織分成五類：(1)分科課程或稱並列型課程（subject curriculum）；(2)相關課程（correlated curriculum）；(3)合科課程或稱融合課程（fused curriculum）；(4)廣域課程（broadfield curriculum）；(5)核心課程（core curriculum）等。另有學者說明不同觀點如下：

學者所探討的課程理念與教學實務之間的「缺口」與「落差」的現象，流露出課程現象的動態性與意義多樣性。黃政傑（1991）指出，課程結構可分成實有課程及虛無課程，實有課程如學校中實際發生的課程，虛無課程則像應當有而沒有的課程。以下針對同課程結構進行說明：

實有課程：學校中實際發生的課程，例如數學、英文、國語文、健康與體育、輔導活動、運動會、各項才藝競賽等。實有課程中又可分成外顯課程以及潛在課程。外顯課程包含學校根據某些公開的教育目的所設計的教育內容，這些學習目的與內容均是明顯爲人所知的課程。

外顯課程可分爲正式課程與非正式課程。正式課程爲列在日課表上的教育內容，如數學、英語、國文等。在一定的修業年限內有固定的時數、教材有連續性、有既定的評量程序。非正式課程是不列在日課表上，但學校會不定期實施的，如運動會、園遊會。

潛在課程則隱藏在學校教育措施中，目的較不爲人所知，卻以潛移默化的力量影響學生的情感、態度的課程，如身教、境教。

此外，虛無課程爲應當有而沒有的課程，很重要但又懸缺的課程，例如情意與鑑賞方面的課程。造成虛無課程的原因通常有以下三種：(1)課程設計者對某項目標的偏廢；(2)課程未能配合社會變遷的速度；(3)因意識型態而將某些不合於支配階級利益的內容刪除。此外，伯恩斯坦課程分類理論，以編碼（code）來分（不同訊息系統的調節原則）：集合課程：以集合編碼（collection code）來論，即知識按照強的分類方式來組織；統合課程：以整合編碼（integrated code）來論，即知識按照弱的分類方式來組織。

	集合課程	統合課程
分類	嚴謹	較弱
目的	培養不同階層人才	消除社會階層界限
教師	權威較強	權威較弱
學生	自主性及自由度低	自由度增加
知識	著重記憶	著重理解

課程結構圖

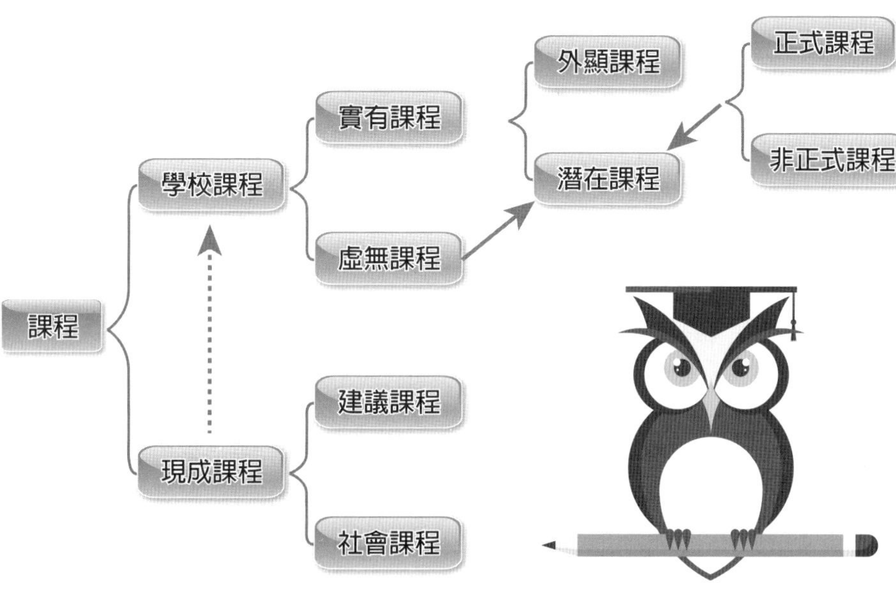

Unit 9-2 顯著課程

外顯課程為艾斯納（Eisner, 1979）所創用之名詞，指學校中具有公開、明顯之教育目標的課程內容，通常出現在全國性或地區性的課程指引，或教師所作的課程計畫、教師方案中。簡言之，外顯課程即是學校提供給家長、學生及一般大眾的「教育菜單」，明確地指出學校準備提供給學生的課程內容（資料來源：國教育研究院http://terms.naer.edu.tw/detail/1303817/）

歐用生（1994）在〈課程發展的基本原理〉一文中提到顯著課程是學校或教師公然承認或公開敘述的部分，也是傳統教育學者最重視的。形成因素包括：學校教育目標、教師的價值、態度和期望、教學方法或策略、教材內容、學校物質環境、學術行政和生活管理、學校規則、權威和權力結構等。這些都被敘述於課程標準、教學指引、學生手冊、學校組織系統或服裝規則等法令或規則。

所謂「有計畫的學習經驗」（planned learning experience），也就是指學校提供的學科，或這些學科所欲達成之讀、寫、算等知識技能的目標，也就是具體化於課程標準、教學指引、教科書或學校教育目標、學校規則之內的內容。這就是所謂的「形式課程」（formal curriculum）或「顯著課程」（manifest curriculum）。

顯著課程（explicit curriculum）係指學校及教師依據政府公布課程綱要或標準所擬定的課程計畫，例如，2014年公布之《十二年國民基本教育課程綱要總綱》傳統對課程的定義，較強調「有計畫的」（planned）或「有意的」（intended）學習活動，尤其是指在學校安排或教師指導下完成預期目標的學習，此即為「正式課程」。

顯著課程是指學校安排的一切學習科目，並有一定的教學目標、教科書、課程標準及教學程序。

簡單的說，顯著課程是學校中教師實際進行教學的活動，最傳統的例子即是在教室內（外）進行的教學活動。如學校中的國語、數學、音樂、體育課等顯而易見的課程成為稱為正式課程，而學校舉辦的運動會、週會、小市長選舉等，亦包含教育的意涵，教學型態不似正式課程嚴謹，稱為非正式課程。

黃光雄、蔡清田（1999）提及近年來台灣教育的改革，課程的革新占有舉足輕重的地位，自然是有其道理的。課程是政府或學校的規劃，經由教師提供給學生的經驗和知識。經驗是個體和情境互動所得的東西，而人間大部分的知識大都是根據經驗而來，經過科學的程序而獲得的。這類經驗與知識通常稱為官方課程，或顯著課程，或正式課程。這種課程大致表現在課程標準、課程大綱、教科用書或上課時間表當中。教師、家長及學生都清楚理解，他們知道學了這些課程，學生會獲得什麼知識、技能和態度。

國中101學年度第一學期各年級領域節數分配表

課程及科目	一年級 每週教學節數	可排 節數	二年級 每週教學節數	可排 節數	三年級 每週教學節數	可排 節數
1. 語文 （本國語） （英語）	8 (5) (3)	8.4~5.6	8 (5) (3)	8.4~5.6	9 (5) (4)	9.0~6.0
2. 健康與體育 （健康） （體育）	3 (1) (2)	4.2~2.8	3 (1) (2)	4.2~2.8	3 (1) (2)	4.5~3.0
3. 社會 （歷史） （地理） （公民）	3 (1) (1) (1)	4.2~2.8	3 (1) (1) (1)	4.2~2.8	4 (1) (2) (1)	4.5~3.0
4. 藝術與人文 （音樂） （表演藝術） （視覺藝術—美術）	3 (1) 音樂 (1) 表演藝術 (1) 視覺藝術	4.2~2.8	3 (1) 音樂 (1) 表演藝術 (1) 視覺藝術	4.2~2.8	3 (1) 音樂 (1) 表演藝術 (1) 視覺藝術	4.5~3.0
5. 數學	4	4.2~2.8	4	4.2~2.8	4	4.5~3.0
6. 自然與科技 （生物、理化、地科、資訊……）	4 (3) 生物 (1) 科技	4.2~2.8	4	4.2~2.8	4	4.5~3.0
7. 綜合活動	3	4.2~2.8	3	4.2~2.8	3	4.5~3.0
七大領域 基本教學總節數	28		28		30	
8. 彈性教學	5 (1) 學校行事—班會 (1) 資訊教育 (1) 閱讀指導 (1) 生活美語 (1) 主題學習	4-6	5 (1) 學校行事—班會 (1) 資訊教育 (1) 閱讀指導 (1) 生活美語 (1) 主題學習	4-6	4 (1) 學校行事—班會 (1) 數學補救 (1) 生活美語 (1) 自然補救	3~5
合計開課總節數	33	32~34	33	32~34	34	33~35

彈性學習節數規劃表

項　目	內	容
學校行事活動	教務處	定期考查、作業檢查、二年級隔宿露營、攜手計畫、族語班、語文競賽
	學務處	新生訓練、幹部訓練、教室布置、反霸凌宣導、社團活動、運動會、春暉教育、三年級校外教學參觀、舞團表演、體適能、體育競賽
	輔導室	親職教育、三年級技藝學程、性平教育宣導、二年級職校參訪暨技藝實作、國樂比賽、一年級校外教學參觀、生涯發展教育、中介教育
	總務處	複合式防災演練
學校特色課程	本土語言課程	

Unit 9-3 潛在課程

學校組織的特性、同儕文化、學校氣氛及文化、教師期望、能力分班等，都與學生學習的經驗有關。雖然其結果有的不是預期的，也常不是「有意」的安排所產生的，但這都構成學習的經驗，對學生會產生直接或間接的影響。在有計畫的「正式課程」之外，的確存在一種「不明顯」（invisible）和「潛在」（hidden）的學習，學者們稱之爲「潛在課程」（hidden curriculum）。

黃光雄（1989）認爲潛在課程的特徵如下：(1)是間接而不是直接的；(2)只是可能的而不是必然的；(3)有正面的也有負面的；(4)常是情意的；(5)常比正式課程的影響更爲深遠。潛在課程常見的相似詞分別有非經研究的課程、非正式的課程、未期望的課程、隱含課程、預期的課程、附帶的課程、學校教育的副產品、教學的副作用或偶然效果、學校對人們的作爲。

潛在課程類型可從學習的結果來分類：如果學生學到的是非學術性的結果，如態度、社會技巧的培養（人際關係）等，即屬於「潛在課程」的一種。從學習的環境來分類：學生被存在於社會環境中的各種制度、學校措施設備或教室布置所影響。從學習的潛在影響來分類：即當學校或是老師方面是「無意的或無計畫的」，卻對學生產生影響。

潛在課程的研究取向有：

一、結構—功能（Structural-Functionalism）

結構功能論者主張學校是一個「社會化的場所」，也就是「社會控制的機構」。雖然學校想將社會規範及文化的價值，透過審愼而有計畫的正式課程傳遞給學生，但學生不只學到上述經驗，他們無形中也會學到沒有預料到或相反的經驗。結構功能論者認爲「潛在課程是社會化過程中不可避免的一種學習現象」，但只要學校和教師善加引導運用，即可發揮「潛在課程」對學生的正面與積極影響力。

二、現象—詮釋學Phenomenological-Hermeneutics）

此派學者認爲「學校或班級是一個具體的生活世界（life-world）」，認爲學生在學校或是班級的生活世界中，與教師或是同儕產生關於生活經驗的「對話」（dialogue），從中主動地對教育環境產生意義與價值的解析，進而擴展其存在經驗。因爲這樣的發展並非是事先安排好的「有意學習」（intended learning），所以被視爲「潛在課程」。

三、社會批判理論（Social Critical Theory）

社會批判理論學者主張教育是提升個體自覺的意識，且對主體制約的環境進行批判與反省，進而在實踐的活動中，加以改造以獲得眞正啓蒙和解放的過程。換言之，在正式課程進行的同一時間，學生會有意和無意的學到與現存社會價值、符號及權力結構「階層化」相對應或是相對立的知識和道德。其中，「相對應」的知識和道德是維繫社會秩序所存在的因素；但「相對立」的知識與道德卻是能夠自我反省、社會批判及促進社會變遷的重要影響因素。

影響潛在課程之學術理論流派表

	結構功能論	現象—詮釋學	社會批判理論
起源	實證主義	人文主義	辯證學、詮釋學
典範	自然實證主義	詮釋學、自然主義	批判理論
本體論	唯實論	唯名論	折衷論
認識論	實證主義／單向度	反實證主義／雙向度	反實證主義／三向度
人性論	環境決定論	唯意志論	折衷論（受壓制主體的能動性）
方法論	經驗的／通則的（以「方法的統一性」保障客觀性，蒐集量化資料）	詮釋的／特則的（以「理解」的方法，蒐集質化資料）	經驗、詮釋、意識型態的／特則的（以辯證學「批判」的方法為主，兼及實證論或詮釋學方法找出不合理處）
主客體關係	單向獨白（monological）（客體）	雙向對話（dialogical）（主體、客體）	三向溝通（trialogical）（主體、客體、社會歷史脈絡）
概念架構	「假設—演繹」模式	反省、理解、詮釋	批判 & 詮釋、內存 & 超越
研究方法	經驗分析	詮釋理解	意識型態批判
研究對象	行為（behavior）	行動（act）	意識型態（ideology）
研究題材	正式組織、角色期望、教師期望、學校（班級）文化	師生教學歷程、文化符號系統的詮釋學習	學校或教室人際互動、學校文化形成、道德規範形成、
研究目的	技術	實用	解放
學者	Comte E. Durkheim T. Parsons R. Merton	M. Weber Schutz E. Husserl H. Garfinkel P. Winch	M. Horkheimer Th. Adorno H. Marcuse J. Habermas

整理自楊深坑（1988）。《理論、詮釋與實踐》。台北：師大書苑。

Unit 9-4 懸缺課程／虛無課程

係由美國史丹佛大學艾斯納（Eisner, 1979）在其著作《教育想像：學校課程的設計與評鑑》（The Educational Imagination: On the Design and Evaluation of School Programs）所提出的概念。

課程探討的主流，一向在於學校實有課程教給學生什麼，造成了什麼效果。虛無課程（the null curriculum）的概念，則在探討學校「不教什麼」，產生了什麼結果。

虛無課程的出現，有屬故意設計者，有屬疏忽而未納入正式課程者，更有屬因時代和社會變遷課程改革無法因應者。課程設計者在運用虛無課程概念時，應檢討現行課程缺乏了什麼，缺乏的成因何在。設計中的課程要教些什麼？不教什麼？為什麼不教？這樣做會產生什麼結果？這個結果是否可以接受？這樣的思考型態才能看到問題之全面，課程設計才易趨於明智。現行的國民小學課程標準中總綱說明的第4條：「各校得視實際需要，在各年級至少增設一節，為彈性運用時間。」即是虛無課程概念的運用。

虛無課程可以設計的活動相當多，但也要視其重要性的優先順序來實施。

一、全校大型活動

1.運動會。
2.園遊會。
3.跳蚤市場。
4.節日慶典活動。
5.畢業典禮。
6. 始業式和休業式。

二、班級小型活動

1.親師座談會。
2.慶生會。
3.班級團體輔導。
4.鄉土教學活動。
5.戶外教學活動。
6.同樂會或才藝發表會。

三、各項教育宣導

1.防震教育。
2.防火教育。
3.防颱教育。
4.人口教育。
5.兩性平等教育。
6.法治教育。
7.親職教育。
8.童軍教育。
9.能源教育。
10.衛生教育。

虛無課程有時是必須配合時令，有時是配合突發狀況，雖然它不在正式課程中，但是它能讓學生對人、事、物重新定義，培養另外一種思考的模式。而且許多情意教學一直是我們教科書所欠缺的，在空白課程中，或許能稍稍彌補。

中學重要教育工作融入課程摘要表

修正日期：100 年 7 月

融入課程或科目	應融入小時數	相關法令或公文文號
台南美食之認知體驗課程	每學年 4 小時	依據本市烹飪美食之城執行計畫（本府觀光旅遊局 100.05.05 新增）
重大議題：性平、資訊、家政、生涯、環境、海洋、人權	依分段能力指標融入	教育部 97 年國民中小學九年一貫課程綱要（見註 1）
家庭教育	每學年至少 4 小時	96年6月2日公布之《家庭教育法》第12條：高級中等以下學校每學年應在正式課程外實施四小時以上家庭教育課程及活動，並應會同家長會辦理親職教育。
性別平等教育（已列入重大議題）	每學期至少 4 小時	1.93 年 6 月 23 日公布之《性別平等教育法》第 17 條：國民中小學除應將性別平等教育融入課程外，每學期應實施性別平等教育相關課程或活動至少 4 小時。高級中等學校及專科學校五年制前三年應將性別平等教育融入課程。 2.94 年 6 月 6 日南市教學字第 09400458870 號函。
生命教育	每學期至少 4 小時	依據台南市學生訓輔友善校園工作計畫辦理
全民國防教育	每學年至少 4 小時	教育部 99 年 5 月 25 日台參字第 0990026640C 號函發布之《各級學校全民國防教育課程內容及實施辦法》第 5 條：「（高中）99 學年度以後，應實施全民國防教育課程，其必修課程為 2 學分，選修課程由各校自行定之。」同法第 6 條：「國民中小學之全民國防教育，其課程內容為國防軍事、全民防衛及國防相關事務等，由教育部訂定補充教材，並採融入式教學，納入現行課程中實施。」

註 1：此外，品德教育、資訊教育、交通安全、環境教育等也列為重要項目，限於篇幅無法一一說明舉例。

Unit 9-5 課程即科目

主張課程設計人員或學校教師可以選取每一學科精粹，作為學習內容，而且最好的學習內容與最重要的學科觀念，出現在人類的偉大著作當中。此觀點將課程視為一學習科目，科目通常指學校教學科目，「課程」的範圍是指學習領域的科目知識結構、知識內容或學科教材綱要可選取學科精粹作為學習內容，以訓練學生心理官能。

科目間有明確的劃分，將科目之間，學習領域之間作一清楚的區分，例如，「語文課程」或「數理課程」或「社會課程」或「藝能課程」等等，又如，「通識科目」、「專門科目」、「職業科目」、「選修科目」。因此，學科知識是主要的學習內容，學習活動是達成學科教育目的的精確方法，其目標在教導學生追求學科知識與眞理智慧，以傳承並捍衛鞏固學科知識。

課程評鑑強調課程必須忠實反應學科知識，可分別針對學科知識與內容材料和學生對知識習得與了解程度進行評鑑。

此觀點的缺點與限制，說明如下：

1.忽略學生主觀之創造力，不鼓勵學生主動建構，學生為被動學習。

2.忽視教學過程之動態因素，成為教師中心單向灌輸。

3.課程流於學科本位、教材本位。

4.「課程內容」與「教育課程」截然劃分是不恰當的。

5.此種課程的定義未能包括課外活動和學校生活的經驗，只能注意學科內容的知識權威性，而忽視了如何顧及學生的個別差異。

此觀點使得學生處於一種被動地接受訊息的學習角色，教師教學過程則普遍重指定的教學內容而輕教學與學習過程的偏頗心態。

淪為「學科本位」、「教材本位」，忽略教育過程的動態因素，也忽略了涉及課程設計的工作，如教學策略、順序程序、引起動機的方法、內容的詮釋等。

6.容易忽視學生在學習活動中所獲得的實驗經驗、師生互動以及潛在課程的影響，甚至漠視師生情意創作力表現和教師個人成長等。

7.「課程即科目」之定義，未能包括課外活動和學校生活的經驗，只注意學科內容的知識權威性，而忽視如何顧及學生之個別差異。

8.此外，課程改革難以落實，較少注意課程實施的實際情況和教育動態，以致教學環境如學校組織、教師態度、社區觀點等未能充分改變，以配合課程改革之運作。因此，課程改革容易流於學科之間上下左右搬動、上課時數調整、教材內容粗略增刪等（黃光雄、蔡清田，1999）。

全校一週作息時間表（舉例）

時間	星期 節次	一	二	三	四	五
07:20~07:40	打掃					
07:40~08:10		導師時間	晨間閱讀	導師時間	導師時間	升旗 母語日
08:20~09:05	1	領域教學與彈性學習				
09:15~10:00	2					
10:10~10:55	3					
11:05:11:50	4					
11:50~12:20	導師時間、午餐					
12:20~12:30	打掃					
12:30~13:10	午休					
13:15~14:00	5	領域教學與彈性學習				
14:10~14:55	6					
15:05~15:50	7					
15:50~16:00	打掃					
16:00~16:45	8	課業輔導補救教學				

Unit 9-6 課程即經驗

重視學習者個別的學習經驗及其所產生之學習歷程與學習結果。其課程之基本假設是以學生為學習的中心，主張學校課程應該適應個別學生，而非學生適應學校課程。

「課程即經驗」的課程定義較為寬廣，重視正式課程、非正式課程、潛在課程，以及其他經指導、未經指導之學生學習經驗。依課程結構，課程包括顯著課程（explicit curriculum）、潛在課程（hidden curriculum）與懸缺課程（null curriculum，或虛無課程）等三種類型（黃光雄，1996）。

經驗主義取向重視學習者個別的學習經驗，以及其所產生的學習歷程與學習成果。其課程的基本假設是以學生為學習的中心，主張學校課程應該適應個別學生，而非學生適應學校課程，強調學生個人的學習經驗之意義理解。

此種課程觀點，重視的是學習者個別的學習經驗及其所產生的學習歷程與學習成果。其課程的基本假設是以學生為學習的中心，主張學校課程應該適應個別學生，而非學生適應學校課程，缺點與限制如下：

1.因「課程即經驗」暗示學校情境中存在許多不同課程，而課程之模糊定義觀點，使課程意義引起混淆，不能明確區分正規課程、非正規課程。

2.雖重視學生興趣需求，但未必可對學生有充分的教育指導（師生對話不易）。

3.較少注意社會需求，忽略社會文化對課程的影響，低估課程與社會之互動關係。

4.難有整體客觀評鑑的標準，教師與學生角色易混淆，流於軟式教育。

「課程即經驗」的定義模糊，易使課程混淆不清。特別是如果課程是學校生活經驗，則容易忽略社會文化對課程的影響，低估課程與社會之間的互動關係。不能明確地區分正規學習活動的正式課程與課外活動的非正式課程學習成果，難有具體的客觀評鑑標準，對潛在課程、非正式課程、非指導性課程難以明確掌握及界定。由於這種學生學習經驗的課程定義範圍太廣闊，使課程研究造成高度的教育挑戰（黃光雄、蔡清田，1999）。

此種課程觀點強調學生學習動機是內發而非外塑，主張學校課程應該符合學生認知、技能及情意發展階段。注重學生的學習過程，特別強調學生在學習過程中的認知、技能、情意等方面之發展，重視學習活動對學生個人的教育意義。

國民中小學教師綜合活動

課程設計學習領域關鍵能力

一、課程知能	1.解讀綜合活動學習領域課程綱要內涵的能力。 2.規劃與設計綜合活動學習領域課程的能力（能力指標）。 3.轉化綜合活動學習領域課程綱要內涵到教學現場的能力。
二、教材與教學資源知能	1.選用、評鑑綜合活動學習領域教材的能力。 2.運用與整合綜合活動學習領域教學資源的能力。
三、教學知能	1.掌握綜合活動學習領域理念，設計教學活動動的能力。 2.善用多元教學方法，落實體驗、省思、實踐與創新教學的能力。 3.依據綜合活動學習領域評量結果，省思教學效能並調整教學的能力。
四、多元評量知能	1.根據學生個別差異，採取適性、多元評量方法的能力。 2.設計綜合活動學習領域教學評量工具的能力。

Unit 9-7 課程即計畫

對課程發展設計工作有精緻化之效能，以幫助學生獲得繼續性、順序性及統整性課程之學習計畫，相當於「理念課程」或「正式課程」。(1)理念課程：是一學習者的學習計畫，亦是爲教育學者心中之「理念課程」。(2)正式課程：意即政府規劃之「正式課程」、或學校的「校務計畫」、或教師規劃的「教學計畫」、或學生的「學習計畫」。

爲了驗證此套課程是否具有教育價值、是否在教室實際情境中具有教學的可行性，可以將課程視爲有待教師在教室情境脈絡的教學過程中加以考驗的一套「研究假設」（Stenhouse, 1975）。

課程即計畫觀點採社會行爲主義取向，從事前規劃的角度來探究課程設計與課程發展的工作，主張課程是預期的，而且其程序是可以事前加以規劃的。以整體呈現的方式提供學習者學習的機會，具有結構完整與精緻的優點。

此觀點認爲課程在事前是可加以預期控制的，因此規劃課程計畫往往只重視正式的、理想的或文件上的課程規劃，甚至是官方的命令與規定，偏向行爲主義（social behaviorism）課程理論取向的觀點，難免有時會忽略課程背後的課程目標之合理性與意識型態的正當性。層次可包括全國、地方、全省、縣市，也可以是學校性的或班級性的。

因此，課程設計者可以是專家、行政人員，也可以是教師。舉例來說，《國民教育階段九年一貫課程總綱綱要》是由教育部聘請社會賢達、學者專家、學校教育工作者與民間教改團體所組成的一個課程發展共同研商的課程計畫，包括國民中學的課程改革基本理念、課程目標、基本能力、學習領域或實施通則等內容，基本上這也是一種由中央政府主導的國家層次課程計畫與課程行政命令。透過周密之計畫，達成預期學習結果。主要課程是可以事前加以預期控制，便於做層級之規劃，如中央政府規劃之全國課程、地方縣市政府計畫之課程、學校發展的課程或個別教學者在教室設計之課程，具有清楚層級、可事先規劃設計等優點。

此觀點限制之處在教室實際教學過程當中，課程和教學往往是一體的兩面，課程設計人員難以單方面從事前規劃的課程計畫，來了解學校教師實際教學的複雜過程，未能兼顧在教室課堂教學情境中可能隨時出現的教師教學創意，忽略教室教學的實況，漠視教師在教室課堂隨機應變出現的變通計畫或另類思考。

課程計畫就是指課程規劃人員根據社會文化價值、學科知識與學生興趣，對課程目標、內容、方法、活動與評鑑等因素所作的一系列選擇、組織、安排之規劃，強調預先計畫，主張課程是可預期的，以便掌控學習結果。

學校總體課程計畫

1. 依據教育部國民中小學九年一貫課程綱要實施要點
2. 中華民國101年7月11日南市教中字第1010570378號
3. 本校101年8月3日課程發展委員會通過

1. 因應國家需要及符應社會期待，充分發展九年一貫課程，培育學生擁有十項現代國民應具備的基本能力。
2. 引導個體適性發展，推展生涯發展教育，協助學生充分發揮潛能。
3. 因應本校地理環境、學校規模、軟硬體設備等教學背景，進行有效的本土教學。
4. 充分發揮教師專業自主精神，建立教師發展、設計與教學新課程之能力，強化教師團隊合作與專業發展。
5. 擬定總體課程教學進度與各項主題學習活動，發展學校特色，實施學校本位課程。

1. 地理因素分析
2. 學生就學趨向分析

一、在內部優勢方面（S）
　1. 一流師資，教師具專業精神。
　2. 校園環境優美，大樹林立。

二、在內部限制方面（W）
　1. 教師具碩士學位資格者不多，面對未來教學研究專業水準不斷提升，具有潛在威脅。
　2. 校園面積因學生人數多，空間不足，不利戶外課程之進行。

三、在外部環境機會方面（O）
　1. 由於政府法令鬆綁及落實學校本位管理模式，使學校在行政運作上有更大的自主空間。
　2. 九年一貫課程將實施，使學生選課更富彈性，有利適性發展。

四、在外部環境威脅方面（T）
　1. 鄰近明星國中及私校對本校招生來源有潛在威脅。
　2. 近年來政府財政短絀，擴展校地、新建館舍不易施行。

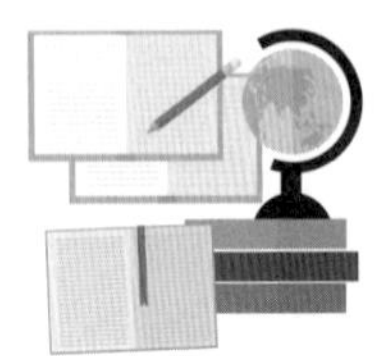

Unit 9-8 課程即目標

課程目標是評鑑學生學習結果的規準，即課程目標乃是指預期學生所要表現的行爲，而其教育方法則強調實作或實際參與活動以獲取經驗。將課程視爲一種一系列目標的組合，不論是教育目的、宗旨、一般目標、具體目標、行爲目標或表現目標等等，皆由學生行爲的改變，呈現其教學效果。

在課程選擇方面，課程即目標的觀點，重視課程目標的引導作用，以具目標選擇材料，並以社會需求爲主在顧及學生興趣與能力，以及合適的學科知識（黃光雄、蔡清田）。

「課程即目標」爲科技主義取向，美國課程學者巴比特（F. Bobbitt）的課程思想，主要乃在於強調課程是爲將來生活的準備，此觀點往往將課程視爲同工廠中的生產線，目標的擬定必須具體明確而清楚。

學者泰勒（Ralph Tyler）便主張以行爲及內容的雙向分析表來協助課程設計人員，敘寫具體的課程目標，偏於科技取向的課程設計意識型態的課程理論取向觀點，重視課程目標的引導作用，以社會需求爲目的來選擇教材，相當強調績效與科技取向，忽略了人類行爲的複雜性及社會的交互作用。

九年一貫課程就是課程目標的代表，內容爲國民中小學之課程理念應以生活爲中心，配合學生身心能力發展歷程；尊重個性發展，激發個人潛能；涵泳民主素養，尊重多元文化價值；培養科學知能，適應現代生活需要。

國民教育之教育目的在透過人與自己、人與社會、人與自然等人性化、生活化、適性化、統整化與現代化的學習領域教育活動，傳授基本知識，養成終身學習能力，培養身心充分發展之活潑樂觀、合群互助、探究反思、恢弘前瞻、創造進取與具世界觀的健全國民。爲實現國民教育目的，需引導學生致力達成下列課程目標：

1.增進自我了解，發展個人潛能。

2.培養欣賞、表現、審美及創作能力。

3.提升生涯規劃與終身學習能力。

4.培養表達、溝通和分享的知能。

5.發展尊重他人、關懷社會、增進團隊合作。

6.促進文化學習與國際了解。

7.增進規劃、組織與實踐的知能。

8.運用科技與資訊的能力。

9.激發主動探索和研究的精神。

10.培養獨立思考與解決問題的能力。

課程即目標可以有統一教育目標的功能且易於進行課程評鑑，特性爲可觀察且具體測量的目標，可指出學習起點與確認終點以進行檢核修正，非常著重績效導向與技術導向。

此觀點的限制則有忽略教師在此課程設計與發展的過程當中扮演的主動角色、忽略學習者的個別經驗、忽略了教學內容與過程等幾項。

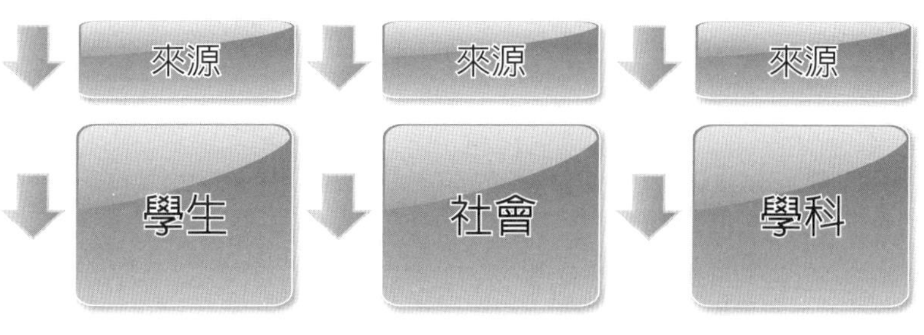

暫時性的一般目標

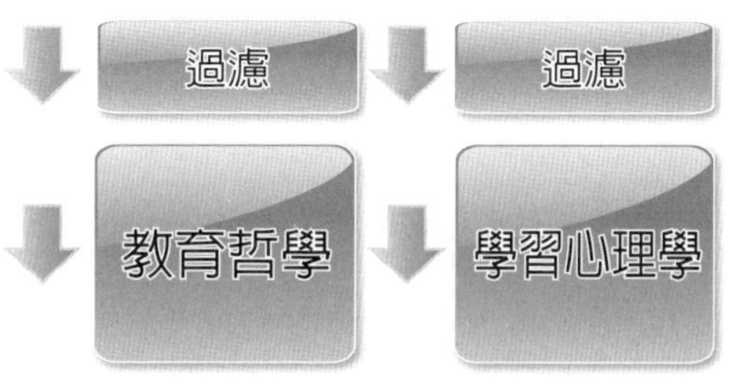

精確的教學目標

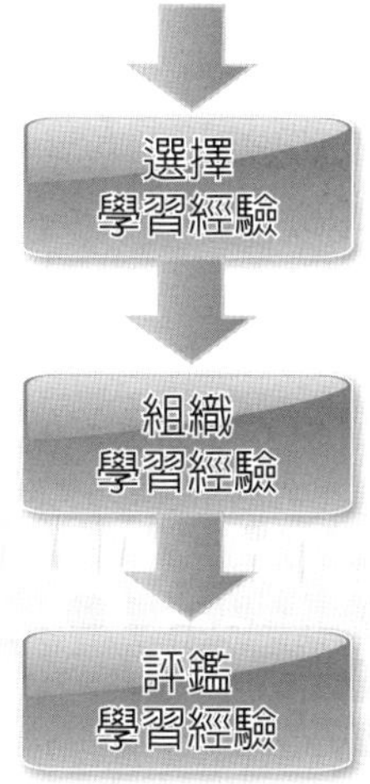

泰勒的課程設計模式（黃光雄、蔡清田，1999，p.78）

Unit 9-9 課程即研究假設

「課程即研究假設」觀點爲專業主義取向，研究假設認爲課程應該是一套教學內容與教學方法的建議說明，說明在何種邏輯前提之下具有教育價值，容易予人飄忽不定、虛無飄渺、缺乏安全保障的感覺。

此觀點的說明如下：

1.具有實驗性質的課程與教學研究過程，容易造成教師莫名的壓力與恐懼。

2.甚至造成教師無所適從或孤立無助的教學困境，重視教育的教學動態歷程，啓發師生應用教育知識問題的本質作爲學習媒介，引導學生的質疑思辨與批判態度，進而增進教師與學生的認知、情意與技能的發展。

3.主張課程是一套有關教學程序的理念說明，有待教師在教室教學情境中加以實地考驗，以驗證教育理念是否具有教學的適用性與學習的實用性。

學科專家爲透過專業知識，提供教師教學所需的課程材料，但不能硬性規定教師的教學方法。利用「教師即研究者」的途徑設計與發展課程，希望教師將課程視爲有待教師於教室情境中加以考驗的「研究假設」。

黃光雄、蔡清田（1999）認爲課程愼思過程分別是：

1.不認爲所有的人類知識與理解能力，都可以利用預先規定的學生學習行爲加以描述。

2.教育旨在引導學生進入其知識文化的思想體系。

3.探究討論教學法，可增進人類的認知思考。

4.強調教師教育專業成長與學生整體發展。

5.教師必須在教室情境中進行研究，考驗研究假設，反省地處理教學證據，批判自我教學，並扮演程序中立的討論主持人。

課程即研究假設之功能則有：

1.透過教學實務驗證課程理論。

2.透過課程研究、發展與實施過程，改進教學歷程與結果。

3.師生可以合作進行課程研究與磋商協調。

課程即研究假設運用之限制爲：

1.容易造成不確定的感受與困境。

2.學生未必能具有充分的角色認知。

3.容易流於形式和口號。

典範的重要概念論述對課程研究的啟示

（一）課程研究領域中欠缺獨當一面的典範	仔細檢視課程發展會發現：「課程發展的歷程缺乏科學革命的歷程當中的幾個重要因子，課程典範轉變的模式也和科學典範的轉變有很大的不同。」除此之外，教育本身與科學不同之處，在於它並非是一門界定清楚及具統一性的學科，不同學科背景的學者都能對教育問題進行研究。因此，沒有一個「典範」或「常態科學」能獨占複雜多面的教育研究範圍。
（二）課程發展缺乏強而有力的教育共同體（educative community）	Kuhn強調指出，雖然科學研究工作是由科學家個人在實驗室進行的，但科學知識本質上卻是集團的產物。依目前的教育體系，從師資培育、教師進修、教學型態、研究發展，問題解決所呈現的共同特徵：它們都是個人獨自進行的（歐用生，1993）；教育改革者在各自的工作崗位上孤軍作戰，沒有一個相對的研究推廣系統來大力支持（Wilson & Daviss, 1997）。
（三）課程的改革不一定會出現典範變遷中的「蓋士塔轉換」	課程的改革因為沒有依附的教育共同體，造成的結果往往是局部的改變，例如創造思考教學法、價值澄清法、合作學習、檔案評量，甚至於課程統整都是課程的局部改變。這些改革的方案並未同步思考如何改變教師的心智模式，如何讓教師產生根本的「Gestalt轉變」，讓教師以新的系統看世界，以新的方法來教學。
（四）科學典範變遷時，科學家是發動科學革命的主體；課程典範變遷時，教師是被改革的客體	以台灣為例，仔細研究會發現台灣教育課程改革的方式均屬於「由上而下」的國定式課程改革，鮮少有教師發現課程的謬誤而進一步進行課程改革；若有的話，也僅侷限在班級內的課程教學。在這樣的情況下，主、客體的關係顯然不同，其所產生的的課程改革將無法如同科學革命是經過「典範的選擇與競爭」所產生的。
（五）課程的改革並未揭示可供參照的範例	成功的科學典範下的常態科學活動，都會在典範的規則下進行探究，並發展出許多實際例子來加以說明與印證；但是課程的改革只源自於理論的建構，缺乏成功案例的同步說明。因此，教師解讀新課程的歷程宛如瞎子摸象，衆說紛紜。

資料來源：Thomas Kuhn（1962），「科學革命的結構」典範概念。

第10章 課程探究形式與研究

章節體系架構 

Jackson（1992: 3）認為課程的觀點各有不同，呈現多元樣貌，也正因為課程定義的複雜與多元，使得課程具有動態性（Ornstein & Hunkins, 1993: 11）。莊明貞（2001：143）指出，台灣社會從現代性結構轉移至後現代全球社會的課程新典範正逐漸形塑中，隨著以資訊與科技之知識為主體的第三波工業革命到來，社會系統從封閉威權走向多元與開放。

有鑑於此，本章將課程探究的形式、研究的目的特性及歷程、課程探索與研究的方法、課程研究方法論的爭議及轉變與省思等，並兼論課程研究的不同取向（政策取向、全球化取向、建構主義取向、再概念化取向），作詳盡的說明，並提供教育行政人員及教師進行課程研究之參酌。

Unit 10-1 課程探究的形式

當代課程探究所面對相當開放的情況，研究者可以採用不同的方法取向來探究種種和人類有關的重要事項。如個案研究（case studies）、直接觀察（direct observations）、專家判斷（expert judgements）等方法，都已被研究社群及期刊所接受。

一、過程模式（Evolving；形成性）

英國斯騰豪斯（Stenhouse）的課程理論，認爲課程不應以事先規劃的結果爲中心，應以學生學習爲中心。Stenhouse把課程視爲教育理論轉化爲實踐的一種嘗試，是不斷發展與修正的過程，過程模式符合此精神，關注教育過程的不斷調適，使教育產生最大限度效益，使學生最大限度學習與發展。

Stenhouse對目標模式最關鍵的兩個批評是：(1)它誤解了知識的性質；(2)它誤解了改進實踐之過程的性質。他認爲知識不是需要學生接受的現成東西，而是要學生思考的對象；它不能被用作必須達到的目標而來束縛人，教育是要透過促使人思考知識來解放人，以使人變得更自由。

改革的關鍵在於使教師得到發展，擴大他們的專業自主性。而這些正是過程模式所包含的核心思想。

「教師即研究者」是教育工作者追求的理想，但在目前條件下很難達成。

二、實踐模式

美國施瓦布（Schwab）的課程理論，針對傳統「理論的」課程研究模式的缺點，提出自己實踐的模式。其主要目的爲對各種可能行動作出抉擇及解決實際問題；對象則是具體的、特定的、受環境影響的；問題總是來自於與我們自身息息相關的事態，即來自於自己親身經歷的實際狀況或疑難問題。

關於Schwab課程探究的實踐模式的注意事項如下：

1.實踐模式的倡導不等於不要理論的指導、思考和探索。

2.不贊成對「外來的」理論過分或無根據的依賴。

3.它反對遵照形式邏輯建構的大一統課程理論，而是追求在多元背景下的多元理論。

4.課程決策過程是一種「自下而上」的過程，如何讓第一線的教育工作者直接參與課程決策過程，是一個值得思考的問題。

對Schwab的批評則有：(1)過於強調「各種實踐情境的獨特性」，難免會陷入相對主義的泥淖；(2)擇宜的藝術，實質上是一種對各種理論進行折衷調和、各取所需的策略，容易造成思路上的混亂；(3)集體審議只能是一種理想，每個人背景不同，在現實是很難做到的。

三、批判模式

關注意識型態和社會政治經濟對學校課程影響法蘭克福學派的批判理論，與課程批判模式中的新馬克思主義流派密切相關，屬於馬克思主義人本主義化的思潮。探究學校教育及課程中種種文化關係、權力關係，以及對意識型態、生活方式的依附性。

研究者進行「了解」的 技術和研究方法

形成性研究中，有許多蒐集資料的技術和研究方法可用來協助研究者了解上述的事項，列舉如下：

1、如影隨形（Shadowing）法	當學生進行教育計畫中的某些活動時，要求學生將內心的感覺和狀況大聲陳述出來。
2、放聲思考技術（Think-aloud technique）	常規執行之後，第一個違反規定者應只受到警告與輔導，然後讓學生參與常規執行程式的討論，並了解再犯所應負的責任。
3、刺激回想法（Stimulated recall）	給予學生最近經歷過的教育活動的紀錄或說明，要求學生回想在某些特定活動的當時，心中的想法為何。
4、分心法（Distraction technique）	將學生置於兩個以上競爭的刺激之下，其中一個是教育計畫的一部分，以此來測量學生對教育計畫中的刺激注意的程度。
5、同儕晤談法（Confederates）	要求某些學生告訴其他的學生稍早之前他們所接觸的訊息或事物，從中自然地了解學生理解的情形。
6、萬能大法師法（The Oz paradigm）	研究者本身充當學生的資源，回答學生的問題、給予學生建議，並且促進學生的學習，以發現課程發展中需要的支持。
7、交錯個案研究法（Staggered case studies）	研究者可以用兩個班級為研究對象，在第一個班級進行教育計畫之後的一段時間，第二個班級才實施教育計畫。此時，第二個班級所實施的計畫是校正過的計畫，並且可以從第二個班級的實施中衡量校正的結果。

Unit 10-2 研究的目的特性及歷程

課程研究的目的，正如同各種學術研究般皆有理論與實務或基礎與應用兩個層面的目的；課程研究的特性則包含邏輯性、經驗性、主體性與價值性等四項。此外，研究的歷程則爲四個階段：發現問題、研究設計、執行研究、形成結論。說明如下：

課程研究的目的可區分爲兩大類：

1.課程研究的理論性目的：課程理論不僅是課程實物的運作方針，更是課程現象的解釋依據。

2.課程研究的應用性目的如下：(1)是理論建立必然連帶對實務會產生影響；(2)是理論的建立本身就有賴實務經驗的支持；(3)是課程本身就具有相當的實踐性。

課程研究自然被劃歸爲實務性和應用性研究之一。

研究的特性有以下四種：

1.邏輯性

課程研究的各個階段、步驟、作爲及技巧之間。

2.經驗性

經驗性指研究本身屬經驗界與經驗科學領域，研究不是玄想，也不是幻象，更不是虛構的情節。

3.主體性

過去人們強調客觀與實證，連帶的產生一種誤解。研究的過程中充滿了個別的、特殊的及個人的特色，這種特色反映了研究者的主體性。

4.價值性

主體性之表現有一個方式，那就是依據主體的興趣與價值取向來決定行動方向。

研究的歷程可依據杜威在《思維術》（How We Think）一書裡，曾經提出了問題解決的五個步驟：發現問題、確定問題關鍵、構思假設（問題解決方式）、實際運作及考驗假設。據以發展出研究歷程中必經的四個階段：發現問題、研究設計、執行研究、形成結論。

1.發現問題

發現問題即一般人所熟知的找問題與訂題目。

2.研究設計

一旦選定問題或題目，我們就要明確的釐清各有關概念之意義，並探討文獻。

3.執行研究

當研究已大致計畫妥當後，研究者即依原定的研究計畫與研究流程，進行研究工作。

4.形成結論

當研究者蒐集到了應有的資料及參考閱讀了重要文獻以後，即可依據所有的資訊，經過嚴謹的分析、比對、論證、敘述、推理等，最後形成一些言而有據的發現與觀點。

研究步驟

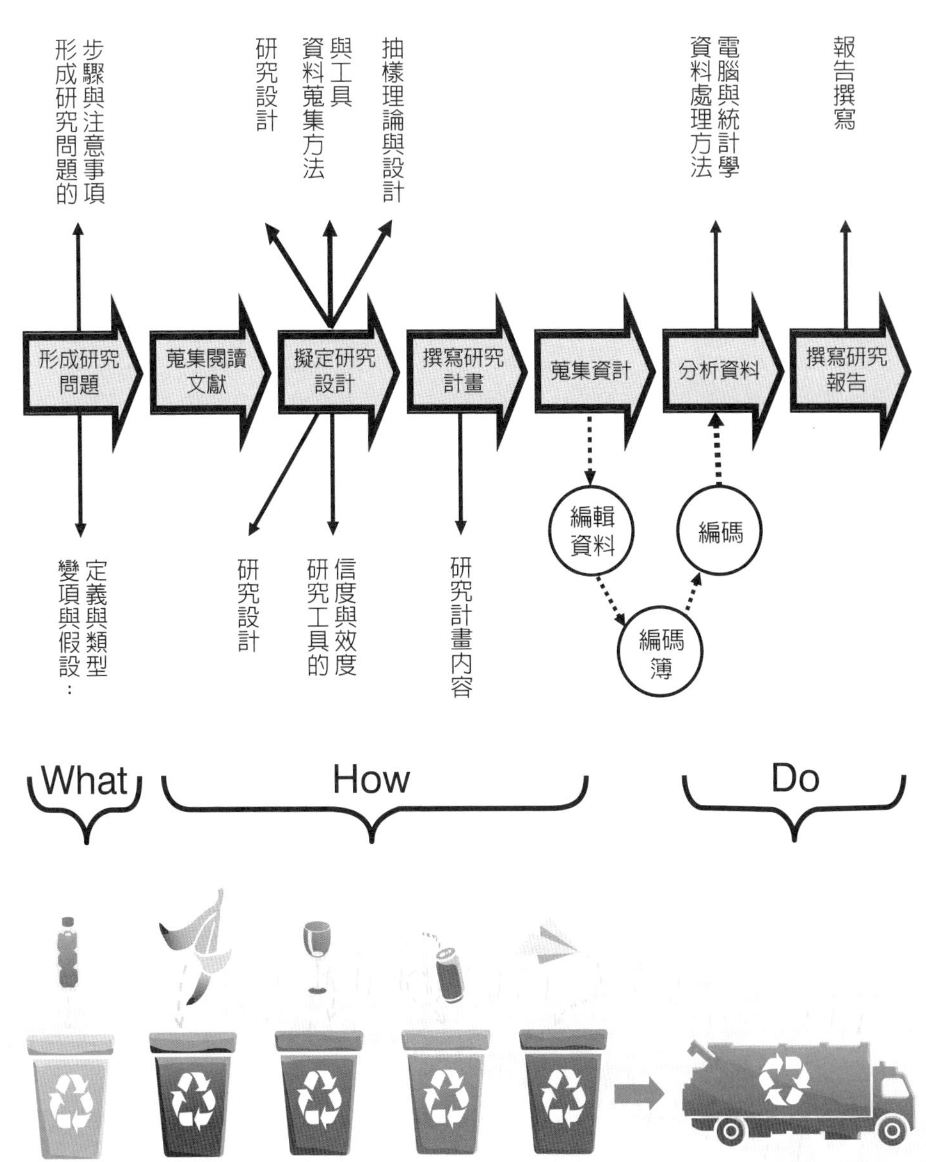
形成研究問題的步驟與注意事項
研究設計
資料蒐集方法與工具
抽樣理論與設計
資料處理方法電腦與統計學
報告撰寫
形成研究問題
蒐集閱讀文獻
擬定研究設計
撰寫研究計畫
蒐集資計
分析資料
撰寫研究報告
變項與假設：定義與類型
研究設計
研究工具的信度與效度
研究計畫內容
編輯資料
編碼簿
編碼
What
How
Do

Unit 10-3 課程探索與研究的方法

人類的知識興趣，可以區分出三種不同的型態：技術性的認知興趣（technical cognitive interest），偏重經驗性／分析性的探究；實踐性的認知興趣（practical cognitive interest），偏重歷史性／詮釋性的探究；解放性的認知興趣（emancipatory cognitive interest），偏重批判取向的探究。分論如下：

1.**歷史法**：(1)確定重要課題；(2)蒐集第一手的資料；(3)判定資料的眞僞與價值；(4)依據資料形成歷史見解；(5)闡述研究課題重要歷史意義。

2.**實驗法**：(1)擬定實驗的項目及實驗對照的設計；(2)愼選合宜；(3)依原訂計畫進行實驗；(4)依實驗資料分析發現重要；(5)依實驗結果。

3.**行動法**：要領有：(1)確定問題與狀況；(2)以研究方式蒐集資料；(3)執行問題解決方案或計畫；(4)個人或群體合作的修正原定計畫；(5)開發出好的課程或將問題解決後，進行另一個全新的研究歷程（Mckernan, 1996）。

若從研究應用性，則可分成純理論研究及應用性研究兩種。

1.**純理論研究**（theoretical research）

純理論研究（Baiey, 1978）主要是爲發展及考驗理論與假設可能具有或不具有實際應用價值，涉及假設考驗，包含非常抽象及特殊概念。純理論研究亦著重方法論之發展：研究方法、過程、技術、研究工具發展、檢證、改進。

2.**應用性研究**（applied research）

大多數社會科學研究均屬應用性研究，利用研究方法論之技術、過程、方法，應用於蒐集不同情況、議題、問題或現象資訊，政策形成、管理、增加對特定現象之了解。

從研究目標而言，可分成：

1.**描述性研究**（descriptive research）

以系統化的方式描述（what）情況、問題、現象、服務、方案，例如，學校行政組織提供服務型態、知識管理系統架構、數位落差現況、資訊設備需求、對資訊教育的看法。

2.**相關性研究**（relative research）

發現或建立一個情境中的兩個或多個變項間所存在之關係／關聯，例如，知識分享意願和資訊素養的關係？學習動機與學習成效的關係？出生率與死亡率的關係？

3.**解釋性研究**（explanatory research）

澄清一個情境或現象中兩個變項爲什麼或如何具有關係（why and how）？爲什麼有人較願意接受創新？有人則否？

4.**探索性研究**（exploratory research）

從研究目標檢視一項研究，或稱爲可行性研究（feasibility study），前導研究（pilot study）該領域具很少或不具相關知識，從小範圍著手，決定是否値得詳細調查。

然而，隨著後現代主義的興起以及課程研究典範的轉移，課程領域的概念、理論和實施都產生了劇烈變化，從簡單明晰、價值中立的技術觀點，轉向複雜多元、政治含涉的爭議觀點來進行課程研究，無疑地將擴展課程的深度與廣度（王恭志，2002：5）。

課程的研究方法與處理之問題實例

課程研究方法	探究問題實例
1. 分析的 (Analytical)	1. 課程一詞通常指什麼？有什麼概念比教育目標更佳，可以指引課程實務？
2. 擴充的 (Ampliative)	2. 支持教育方案論點中潛藏的假定與規範為何？這些論點的適切性為何？
3. 思辨的 (Speculative)	3. 關於課程計畫過程，我有何個人綜合的知識與經驗可與他人分享？關於目前課程理論趨勢，我能提出哪些警告或指引？
4. 歷史的 (Historical)	4. 哪些共同因素支持 36 州在 1983 至 1986 年間，通過了增加高中畢業生課程要求與標準？ 市中心磁性學校於 1968 至 1973 年間，課程決策過程為何？
5. 科學的 (Scientific)	5. 有多少學校運用了杜威於芝加哥大學實驗學校中使用的課程模式？
6. 人種誌 (Ethnographic)	6. 哪些因素構成或影響了學區與州層級的課程決策？課程過程中，有哪些因素促進或阻止教師參與課程發展之能力？
7. 敘述的 (Narrative)	7. 曾經影響我生涯選擇的意義。
8. 審美的 (Aesthetic)	8. 史密斯太太班級課程經驗之衝擊如何質性描述。
9. 現象學的 (Phenomenological)	9. 學生接觸職業學校方案或綜合學校方案各半天後，會有何知覺與感受？
10. 解釋學的 (Hermeneutic)	10. 高中輟學生於報上寫「我恨學校」，有何真正意義？十年級科學教師瓊斯說：「校內課程評鑑如同當馬正在奔跑時釘馬蹄鐵」，此話有何意義？
11. 理論的 (Theoretical)	11. 一個特定課程中關於結構成分、規範觀點行動指引的陳述，應形成傳達課程中整體的概念架構。
12. 規範的 (Normative)	12. 在何種前提下，課程可被創造？
13. 批判的 (Critical)	13. 存在之課程決策與實務和基本規範之間，有哪些矛盾與不一致？
14. 評鑑的 (Evaluative)	14. 歷史內容選擇在陳述目標方面，是否事件研究法比依年代排列的方法要好。
15. 統合的 (Integrative)	15. 用不同課程發展策略的個案研究解釋，是否能證明何種策略最有效？
16. 慎思的 (Deliberative)	16. 我們是否應把課程決策與指引加以更改（例如目標、內容、課程組織及資源配置）？
17. 行動的 (Action)	17. 這一步驟應做何事，以促使行動能達成目的？

（取自 Short, 1991, p.17）

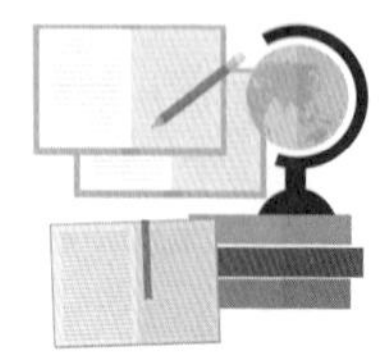

Unit 10-4 課程研究方法論的爭議

開放性的課程研究氛圍可能會面臨如下的問題：(1)不知選擇何種方法：隨著此種自由而來的是選擇的責任，在如此多的選擇之下，卻又可能帶來混亂和猶豫不決。(2)每種方法各有其標準：要設計出能夠讓整個研究社群滿意的研究是困難的，因爲支持不同研究取向的學者各有其標準。(3)新的標準方法可能成形，並帶來限制：一種新的正統說法（orthodoxy）可能成形，並對研究加上一些不受歡迎的限制。

依年代順序對人類事務進行研究的方法說明以下：

一、十七世紀末期，近代科學方法開始發展

某些研究領域實質上被它們的研究方法所定義。例如，心理實驗法定義心理學，如果沒有心理實驗，心理學還剩什麼？「放聲思考法」（think aloud）定義認知科學，若去掉放聲思考，認知科學還有什麼？「民族誌法」（ethnography）定義「人類學」（anthropology），若沒了民族誌，人類學還有什麼意義？

科學方法的重要成分，在十七世紀末期獲得重大的發展。首先是Francis Bacon提出革命性的「經驗主義」（empiricism），認爲知識都必須來自於觀察，而非權威。之後Descartes提出「理性主義」（rationalism），認爲必須：(1)小心地避免「草率」（precipitancy）和「偏見」（prejudice），審愼的判斷那些自己明確且清楚的顯示到我的心中，而我卻沒有立場來懷疑的事物；(2)將應判斷的事物分成愈多部分愈好，以有利於判斷；(3)由簡到難進行判斷；(4)將之所以做成某種判斷結果的主張逐一列舉。在上述的科學成分之下，直至目前的方法論學家，如Feyerabend（1983）、Kuhn（1962）、Popper（1965）等人亦在上述的基礎之上繼續作闡述和發展。

二、傳統的人文研究，方法並非居於重要的地位

傳統的人文研究領域，如哲學和歷史學等都有其研究方法，不過方法並未居於核心地位。在人文的方法書中，所提供的僅是大體上的建議，讀者若要運用這些建議到特定的情況時，尙必須作相當複雜的判斷才能進行。因此，人文研究所仰賴的是研究者的機智、經驗、天賦、個性、推理、判斷力等特質。

三、近來人文研究亦強調研究方法

人文研究者雖亦類似科學學科發行研究期刊，進行由政府贊助或是基金支持的研究，以及蒐集明確的研究方法，不過人文研究者用來進行詮釋的明確方法卻多到令人幾乎目眩，如「新批評主義」（the new criticism）、「心理分析批評主義」（psychoansalytic criticism）、「馬克斯主義批評主義」（Marxist criticism）、「詮釋學」（hermeneutics）、「符號學」（semiotics）等。

四、人類事務進行研究的方法尚處於爭論階段

在較大的學術社群中，學科之間相對地位的高低亦深受所使用研究方法屬性的影響。具有剛性（hard）、客觀性（objectivity）、力量（power）及嚴密性（rigor）的方法較具聲望；反之，上述的三個特性若是柔性的（soft）方法，則較不被重視。

Eisner（1985）將科學的取向和質的取向對比表

使用字面的（literal）語言 → 使用比喻的（figurative）語言

使用比喻的（figurative）語言

尋求效度  使尋求闡明（illumination）

焦點在明顯的行為  焦點在經驗和意義

尋求類化  尋求對特別對象的察覺

利用標準化的語言形式  利用表意的語言形式

限制介入和個人的詮釋  運用介入和個人的詮釋

強調非個人的方法（impersonal methods）凌駕在研究者的經驗和判斷之上  運用研究者的經驗和判斷

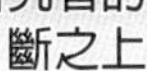

排除情緒和感官經驗  不排除情緒和感官經驗

尋求獨特的真理  欣賞不同、多樣和相對的意義

Unit 10-5 課程研究的政策取向

課程是教育的核心（吳俊憲，2006），McNeil（1996）指出課程政策的決定通常不是基於內容的仔細分析、社會需要、學習者的學習歷程與關心。在政府所訂標準、課程大綱、測驗、教科書等所見到之正式課程並不是中立的知識，而是被一個人或團體選擇出來的知識，所含藏的是對於社會應該是怎樣的一種特別觀察（轉引自彭富源，2004，頁62）。

吳俊憲（2006）將課程政策研究階段分成五個：研究構想、文獻探討（國內外文獻、文件分析：委員會會議紀錄、教育部施政理念、公函文書、說明文件、相關會議紀錄、政府公報及活動宣傳）、實際訪談（教育部相關業務行政人員代表、委員會成員、相關領域的學者及課程專家、實務工作者）、資料分析、綜合探討。

彭富源（2004）綜合學者（Schubert, 1986；Elmore & Sykes, 1992；McNeil, 1996）等人觀點，將課程政策區分為「廣義課程政策」與「狹義課程政策」兩類：

1.「廣義課程政策」包含意圖層面與行動層面之總和。(1)意圖層面：涵蓋課程綱要（包含課程制定的理念、目標、領域科目、時數、必選修規定、課程發展、課程評鑑等）、法規命令（包含法源、相關法律、命令、公文函示等）、配套措施（包含宣導、教科書編審選、升學方案、校長教師資格與專業成長等）三方面。(2)行動層面：係指實際行為，包含與意圖相同之行為，以及與意圖不同之行為。

2.「狹義課程政策」係指意圖層面為落實課程目標而訂定之書面政策。

過去數十年，美國學校教育變革決定模式受到兩種不同的思潮影響，其中一個信念是學校能針對個別需求進行資源尋求整併以求問題解決，並能透過系統化的設計與評估，專家學者扮演著影響教育政策者，以促進學校創新的重要角色。這個模式係以學校官僚體制的運作為課程決策的核心，決定課程的人是政策制定者與其同伴、專業學校改革者，教師的角色是在教室中擔任課程使用者而非創造者。

學校單位的功能在落實創新課程的實施，教學實務被視為執行課程目標。關於教師的兩個隱喻，其一為教師是改革場域的一分子：由上而下決策模式，教師角色為教師是代理者與消費者，負責執行政策，屬於組織的底層，而教師狀態為無力感、被動、僵化、變動不固定，至於課程決定權是官僚體系政策制定者（州政府或聯邦政府）、專家學者。第二種模式為教師是教室場域的一分子：教師自主決策模式，教師角色為教師是行動者與奮鬥者，至於教師狀態乃是充滿能量、主動、自主、穩定，而課程決定權是教師本身。事實上，課程政策制定者與教師應在相同的基礎點中彼此共存，在教育改革的過程中一同為學校與學生，發展出適切課程、教材與教法。長久以來，教育決策反反覆覆，而且決策和實踐分離，付出代價；所有的政策都擬定了，卻將好的教育實踐排除在立法之外，這也是這幾年來我國教育政策、課程政策的寫照，值得大家深思（歐用生，2004，頁69）。

吳俊憲（2006）台灣本土教育課程改革之研究重要結論

目的	第一，蠡探台灣本土教育的理念及其內涵；第二，了解台灣本土教育課程改革政策的興革與發展；第三，分析台灣本土教育課程改革的重要議題；第四，歸納台灣本土教育課程改革的問題與影響因素；第五，綜合研究結果提出課程改革的相關建議。
一	本土教育是教育的核心內容，鄉土教育是實踐本土教育的基礎，全球教育必須建立在本土教育的基礎之上。
二	台灣本土教育的理念係以全體台灣人民為教育的主體，重視台灣主體、回歸教育的本質、「由近而遠，再回到近」的參照觀。
三	本土教育課程改革強調以學生為學習的主體所進行的課程改革，其課程內涵是保持中立的、關心多元文化的、省思後殖民境況的、符合學生需求的。
四	本土教育課程改革政策的推動，係受到解嚴後各項因素帶來的影響；其目的在深化本土認同、發揚台灣主體、凝聚生命共同體、提升國家競爭力。
五	本土教育課程改革政策有：鄉土課程標準的修訂、本土教育委員會的設立、擬定教育施政主軸政策、設置大學相關系所、編修相關參考資料庫等。
六	本土教育課程改革重要議題有：課程綱要修訂、教科書問題、鄉土語言課程與教學的問題；爭議重點主要為「去中國化」、內容比例、意識型態等。
七	國小推動「社會行動取向學校課程發展」及「社區總體營造學校課程發展」，惟是否達成本土教育課程改革與發展之目的，值得檢討與批判。
八	台灣本土教育面臨的常見問題有：關懷不足、認知偏差、認識不夠、政策不定、人才缺乏、師資不足、教材混亂、資料貧乏，以及其他等問題。
九	台灣本土教育課程改革的影響因素，主要來自：社會氣氛的轉變、民間團體的影響、執政黨的影響力、行政首長的理念、大學教育機構及學者專家的主張、民意代表的介入等。

Unit 10-6 課程研究的全球化取向

非政府（non-government）的教育在教育爭論中，通常是一個高度情緒的且常是不合理的區域，特別是當它是政府資助的中心。一般來說，人們會以自身的政治立場來加強它的論點，卻忽略了文化脈絡等因素。本文聚焦於一個非政府學校之「整體」課程政策。

Rosenmund（2000）觀察發現在不同國家內，課程政策程序也有聚合的趨勢，他強調在全球性及內容特定的課程程序間存在一固定的緊張關係。本研究就是立基在這種緊張關係所進行的研究。新加坡對教育作很大投資，要求教育體系「在逐漸要求競爭力的全球化經濟下，產生具創造性及創新力技巧的生產力」（Kam & Gopinathan, 1999）。

Bottery（2000）認爲新加坡面對全球化壓力所採取的方式，可視爲政府在全球市場下介入並促進國家競爭力，避免隨「市場自由」支配，被視爲是一種介於「新福特主義和舊福特主義的混合體」，一致努力均爲了縮小損耗，並增加上大學途徑以增加這些全球化知識經濟的生產力技巧。舉新加坡的中文高等學校（CHS）爲例，開始朝向全球化取向發展，學生多來自中國，職員則來自世界各地。

在面對全球化經濟的需求衝擊時應具「前瞻」的視野，即「全球性的學校願景」。CHS的課程特別強調三個重要知識，即資訊科技、生活科學、光子學。CHS的課程亦強調學習歷程（已被視爲是個體參與全球知識經濟的基本能力）。學校積極與不同團體締結全球性的策略聯盟，包括產業界及大學CHS的職員會旅行並參與國際性學術發表會，即「任務旅程」與「獎勵旅行」。

CHS邀請來賓參與學校策略性發展的討論，學校亦會透過外部網路找出全球化趨勢，或透過安排職員參與澳洲大學在CHS所設置的教育碩士學位班的課程。在新加坡國家脈絡中的產業操作，讓學生有工作經驗，CHS在課程中切割出一個空間，透過經驗，教師知道如何修正理論與現實差異。

CHS的「豐富課程」（enrichment curriculum）與標準化的MOE課程互相平行。豐富課程聚焦於全球化經濟所需知識及技巧。雖受學生及教師的興趣所主導，但仍以全球化行銷爲基礎，並將「全球化與在地化」結合，具有強烈的經濟取向，私人企業提供資金及技術讓中心運作，並藉由這些課程獲得收益。CHS的課程政策已更接近其本身的全球化任務取向，儘管遭遇國家及本土的阻礙，在過去十年來，他們已更貼近全球化。教師是學校課程政策制定的核心。Kirk和MacDonald（2001）根據Bernstein之教育議題的教育建構理論認爲，「任何教師權威的聲音均是設置在相關聯的脈絡中」，意指教師對學生、挑戰、學校資源、學校結構的這種本土化脈絡知識，代表著教師對課程發展有著無價的貢獻。課程發展可以協助發展專業，像是這種「管理人的專業主義」常被與市場機制下的企業認同連結在一起，責任、經濟、效率等議題會形塑教師建立自身的專業認同，或是「民主式的專業主義」會與類似合作文化這種積極的專業認同連結在一起。（資料來源：Vidovich, L. & O'Donoghue, T. (2003). Global-local dynamics of curriculum policy development: A case-study from Singapore. *The Curriculum Journal, 14*, 351-370.）

後現代時期整合全球化和本土化課程設計原則

課程願景	超越和轉化傳統課程所發展之行政官僚體制，焦點仍保留在地區教育社群的特定脈絡裡，以及特定的文化關懷和個人傳記等。
教育的過程再概念化	除了尊重個人獨特的發展，也考量兒童生活經驗的相互關係。這個再概念化的形成本質拒絕了層級、權威、父權和霸權的意識型態，它不僅是關注教育成果，更關切教育過程與脈絡的課程發展模式。
傳統學校教育中現代行為主義	使教育過程固著於行為目標、學習階層化、價值中立、經驗分析的研究方法論、教學目的與目標、機械式的記憶背誦與競爭的學習環境，不僅過時，而且有害一個合宜的全球化後現代教育經驗的湧現。
建構的後現代主義	提供了解課程的一個重要途徑，後結構與解構主義的哲學意涵對教育的影響，讓我們了解了語言，特別是語言反應，並影響了世界觀。
課程本身必須被視為是跑道（currere）	作為精確到普遍化的需求，教育行政人員和教師必須注意到語言議題，特別是政治、社會與歷史性觀點的課程融入。
了解課程為全球化轉型努力的成果	課程的學術整合了詮釋學、現象學、社會心理分析、解放理論、精神、種族、女性主義與個殊的文化議題，後現代課程在其不斷變化的意識上為未來教育發展提供了一線曙光。

Unit 10-7 課程研究的建構主義取向

建構主義基本上是在解釋「知識是什麼？」和「學習是什麼？」的一種理論模式（張靜嚳，1995）。後現代哲學思潮深信：不同的人具有不同的世界觀，社會組織是由不同世界觀的人們所創造，個人的身分認定會因不同情境背景而改變，所有對眞理所抱持的信念，都只是被人們所建構的信念，並非眞理。建構主義的最重要精神就是主動、適應與發展三個原則。說明如下：

1.**個人建構主義**（personal constructivism）：個人建構主義以Kelly和Piage爲代表人物。Piaget的認知發展研究，是晚近建構Kelly的個人建構心理學（psychology of personal constructs），認爲學生本身就像科學家一樣，不斷賦予外在世界意義，形成自己的內在認知，而且知識是個人的、適應的而非客觀的。Piaget的調適（accomodation）與同化（assimilation）強調認知的適應本質，以及個體建構其世界模型的主張，強調認知個體的主動建構，卻同時也強調認知的結果爲個體適應環境的結果。因此，只要環境（實在界或自然現象）是相同的，那麼所建構的結果也就不應有所不同。

2.**激進建構主義**（radical constructivism）：激進建構主義以Von Glaserfeld爲代表人物，其主張有兩大原則：(1)「無聊建構主義」原則：知識不是認知個體被動的接受，而是主動的建構。(2)「根本建構主義」原則：認知的功能在於適應，是要用以組織個體所經驗的世界，而不在於發現客觀存在的現實世界。

3.**社會建構主義**（social constructivism）：Solomon（1987）對於有關建構主義的文獻作了一個回顧，她指出，早期的建構主義者（1978-1986）主要強調個體的知識建構，摒除了社會因素的作用，這些主張會導致一些失調及限制。雖然她相信概念是由個體所持有的，但她認爲在改變所持有的概念過程中，同儕的支持與達成共識的社會因素均很重要。她甚至認爲這些社會因素或許是科學學習與傾向科學態度中最重要的因子。

4.**社會構成論**（social constructionism）：Gergen認爲知識既不是來自或存在於認知個體的內部，也不是來自外在的自然世界，而是發生與儲存於社會之中。因爲語言的使用、意義賦予等達成共識的過程，基本上都是社會的過程，而這些社會的過程構成了所有的知識。

5.**批判建構主義**（critical constructivism）：Taylor批判建構主義綜合了建構主義者對於學生的先備知識與新知識之間的交互過程的主張。

6.**情境脈絡建構主義**（contextual constructivism）：Cobern採用了Solomon關於社會因素對學習產生影響的觀點，認爲文化在學生概念的發展和組織上，扮演重要的角色。

7.**傳統建構主義**：此派建構主義只接受建構主義的第一原理：「知識是認知個體主動的建構，不是被動的接受或吸收。」

8.**個人建構主義**：此一建構主義強調知識是個人主觀的建構，只反映個人經驗的現實，只存在於每一個人的腦中，也只有對個人自己才有意義。

建構主義在課程上的應用

(一)提供真實的學習情境及必要的認知工具

建構主義認為真實或接近真實的環境有利於學習者保持良好的學習動機，讓學習者覺得學習是有意義的。由情境獲得的知識，可以有效地解決知識的遷移問題，有利於學習者創造性思考及問題解決能力的培養。

(二)應提供知識的多種呈現方式

學生說謊的行為容易受到內外在環境與重要他人的影響，所以在說謊行為產生的過程中，容易出現下列主要的行為特質：在面部表情方面，不自然、不對稱、情緒異常、眼神閃爍等；在聲音語調方面，支支吾吾、輕聲細語、忽快忽慢等；在談話內容方面，藉口多、重複、錯字多、逃避主題等；在肢體動作方面，手忙腳亂、搔首弄姿、擦汗、吞口水等不自然的行為出現。

(三)提供的情境要有利於個別學習和合作學習

建構主義認為，知識是透過個體與社會的交互作用而獲得的，也可以說是透過社會互動和對理解發生評估而展開的。這裡一方面強調個體知識的獲得，另一方面強調社會協商的作用。因為所獲得的知識不能以個人的價值為導向，要把價值指向社會，得到社會的承認，只有這樣的知識才是有價值的。

(四)學習主導權的掌握問題

一般而言，學習可分為學習者或小組主導和程式或教師主導兩種形式，兩者之間並無優劣之分，採用何種方法主要取決於學生的能力、學習動機和學習風格等。在策略的運用上，要因人而異，因事而異，綜合運用這兩種策略。建構主義認為學習是學習者主動建構，因此認為自主控制是其重要的學習策略。

(五)提供的情境要適應學生的多元性

由於傳統的競爭學習模式沒有充分考慮到學習困難的學習者。建構主義一直強調合作學習，認為合作學習是建構主義的主要學習模式之一，因此提出了積極學習和良性競爭的學習模式。在課程中，利用規律性的變換，防止由於動機不足導致的學業不良。

Unit 10-8 課程研究的再概念化取向

「再概念化」（reconceptualist）學派是課程研究的一種新的探究嘗試，素有課程研究的「第三勢力」（The Third Force）之稱（陳伯璋，1987）。有關再概念化的內涵，以下分別從其意義、興起等方面，說明之。

一、再概念化的意義

Grumet（1981）指出，再概念化是再次的理解，回到支持我們的行動概念結構中，以顯露當中所隱藏的豐富概念。亦即，再概念化係指對概念的再澄清，經由重新詮釋以發現此概念的眞義。因此，再概念化是一種批判反思的探究歷程，在於釐清其中一些老舊平庸或模糊不清的概念，並經由重構與轉化歷程而獲得新的意義。

二、再概念化的興起

再概念化學派係統稱對當時科學化課程取向，將課程視爲產品，學習就是活動的複製品，並以工作分析法將課程目標、教材加以分析，學校如同工廠，教師如同工廠中的輸送帶，學生如同輸送帶的成品。此觀點代表部分對課程實踐現狀的不滿，而對課程領域進行概念重建的學者們的課程觀點（甄曉蘭，2004）。

科學化課程取向發展至Tyler（1949）於《課程與教學的基本原則》一書中，發表的課程目標模式更是將科學化課程取向推至頂點。

然而，1968年美蘇在太空競賽上，由於蘇聯率先發射人造衛星升空，而徹底粉碎了美國科學化課程的夢想。美國於1970年出現的教育危機、「典範轉移」及「語言學轉向」興起，和對「Tyler目標模式」的質疑，因而促成以實踐取向爲主的第一次課程再概念化運動（陳伯璋，2003；歐用生，2004）。Schwab（1969）亦在《實踐：課程的語言》一書中指出，課程由於長期理論化的結果，即將瀕臨死亡。由於課程長期受科學實證典範、傳統泰勒模式和「技術」模式研究的宰制，過度依賴單一、狹隘的理論，導致課程理論與實際嚴重脫節，爲終結科學化課程的主導年代，課程自始邁入再概念化領域。

Schubert（2008）指出，再概念化學派理論（reconceptualist theorizing）是課程探究的一股新勢力，係由Macdonald在1971年提出，在1973年開始才由一群激進邊緣（radical periphery）的課程探究學者討論產生。Pinar（1975）提出經驗分析的探究取向，視課程爲探究的一種方法，認爲課程不只是名詞，亦是動詞的概念。課程領域的「概念重建」（reconceptualization）思潮和運動，對泰勒原理的批判，湧現出許多新的議題，諸如性別、種族、政治、生態學、詮釋學、批判理論、美學、多元文化、全球教育、文學理論、後結構理論、後現代理論等（鍾啓泉，2005）。

可知，再概念化學派乃是希望從學習的過程中，充分把握學習者與教師的關係，以及課程意義或價值的形成與創造。主張課程的設計是一種「創造的歷程」，是理性的也是浪漫的教學過程，更是師生共同參與、創造和不斷批判超越的過程。

Goodlad的課程層級轉化取向

Goodlad等人（1979）指出，在課程實施轉化的過程中，會產生減少（reduction）及失真（distortion）的現象。

Schwab的實踐取向

Schwab（1969）提出運用根本的「覺察藝術」與「問題形成藝術」之「實踐藝術」（practical arts）來發現真實問題。

Apple的實踐取向

Apple（2004）從知識社會學觀點，提出「誰的知識最有價值？」以進一步檢視與批判存在於課程中的權力、階級衝突、意識型態等宰制與再製之問題。

Pinar等人的實踐取向

Pinar等（1995）以「理解」（understanding）概念為核心，提出多元的課程文本（text），企圖從多元論述之意向，主體的經驗層面，重新找回教育的心和靈，跨越課程的邊界，以重建當代課程概念的新風貌。

Freire的實踐取向

Freire（1993）強調「實踐」與「解放」，不斷地提出對問題的提問（problem-posing），以釐清課程中錯誤意識，避免成為囤積式（banking）的知識或受到意識型態的宰制。

Unit 10-9 課程研究的轉變與省思

課程活動自古有之，但成爲專門學術研究的領域卻不到百年。就典範轉移而言，早期（1960年代之前）較受科學實證主義的影響，以「經驗－分析」的法則建立學科知識的內容，是一種工具理性和價值中立的思維，大都是爲行政運作及教師教學之便，而非課程本身知識之探究（陳伯璋，2005）。

在研究方法論方面，借用了其他自然科學的實證方法（如實驗法、調查法），並以「工作分析」的方式來選定學習經驗、組織材料，再進行教學。及評鑑，這樣的「泰勒法則」（Tyler's rationale）其目的是「效率」與「控制」（陳伯璋，2003）。

近十年來，台灣有關課程改革的研究，已成爲一種風潮，相關的研究報告可說急速增加。茲以研究「理解」典範的轉變加以檢視如下（陳伯璋，2005）：

一、生理→生態的研究取向

台灣課程界的研究，近年來受到後現代思潮的影響，的確已有朝向「生態」研究的取向，只是數量上與「生理」取向的研究來比較，仍非主流。然而這種人文、生態取向的研究，應受更多鼓勵來進行。

二、「巨型」轉向「微型」的論述

台灣近年來在教育上的研究，大都以「巨型」論述爲主，無論在行政、政策、制度或法令上研究分量較多，此與政策需求及經濟分配原因有關。至於課程研究方面也反映出此一現象，早期較重視課程決策、課程綱要編訂、課程管理等，至於「微觀」部分，自九年一貫課程實施後，可說逐漸成爲重點，如教室生活、教師專業成長與增權賦能、學校文化、學校本位課程發展等。

三、美學探究的崛起

傳統課程內容以「知性」學習爲主，「德性」次之，美育顯然不足，因此反映在課程研究上亦復如此。大都以「以課程理解爲美學文本」爲主要依據，全面關照課程美學的發展，及其主要理論建構，尙付諸闕如。

課程研究的展望如下：

1.從靜態的「產品」（product）觀念，轉爲由師生共同建構有意義生活經驗的「過程」（process），同時激發一種批判、反省的「實踐」（praxis）行動。

2.課程的研究與實踐，要有理性的思維、詩性的體驗和實踐的智慧，它是一個不斷「生成」（becoming）的發展過程。從課程的「再概念化」出發，期待另一充滿希望和快樂的學習之旅，成爲大家共同的經驗（陳伯璋，2005）。

課程研究的歷史分期及其研究特點

項目	科學實證（1918-1960末）	再概念化運動（1960末-1990）		後現代多元文化（1990迄今）
課程定義	成品（product）：學科，目標，計畫，有計畫、有組織的學習經驗	實踐（practice）：非書面計畫，教學時實際發生的一切，師生互動，有意義的學習經驗	批判性實踐（praxis）：獲致解放的、有意義的學習經驗	各種文化文本（text）
研究旨趣	控制	實踐性與解放	解放性	對話
研究焦點	技術性	經驗	意識型態	文本
研究方法	實證─分析	解釋	批判	多元方法並存
研究成果	科學的課程理論	寫實的課程理論及詮釋的、美學的課程理論	批判的課程理論	各種課程理論並存發展

參考學者陳伯璋，2003；莊明貞，2001的觀點繪製而成。

第 11 章

十二年基本國教的課程改革

章節體系架構 

Unit 11-1　十二年基本國教的願景理念與目標

Unit 11-2　十二年基本國教入學形式

Unit 11-3　十二年基本國教與適性入學

Unit 11-4　十二年基本國教之課程發展與教學活化

Unit 11-5　十二年基本國教總綱研修要義

Unit 11-6　十二年國教核心素養的意義

莊明貞（2001：143）指出，台灣社會從現代性結構轉移至後現代全球社會的課程新典範正逐漸形塑中。隨著以資訊與科技之知識為主體的第三波工業革命的到來，社會系統從封閉威權走向多元與開放。中華民國 100 年元旦，總統公告實施十二年基本國教，並於 103 年正式上路，象徵我國教育進入另一個新紀元。

本章重點在於論析十二年基本國教的願景理念與目標、入學形式，並說明十二年基本國教與適性入學、課程發展與教學活化及總綱研修要義，和當中核心素養（competence）的意義，以提供行政主管與教師參考運用。

Unit 11-1
十二年基本國教的願景理念與目標

早於1983年，我國就已提出延長國民教育年限並著手進行規劃，先後經過十任教育部長，但因爲受到許多反對聲浪和財務困窘等因素影響，而未曾正式實施。民國103年度起，我國正式進入十二年國民基本教育時期。十二年國民基本教育將是繼九年國民義務教育之後最重要的教育改革，亦將深遠的影響我國經濟、文化、民生及政治之競爭力，備受全國關注。

十二年國教的三大願景是提升中小學教育品質、成就每一個孩子、厚植國家競爭力，其五大理念是有教無類、因材施教、適性揚才、多元進路、優質銜接，六大目標爲培養現代公民素養、引領多元適性發展、確保學生學力品質、舒緩過度升學壓力、均衡城鄉教育發展、追求社會公平正義等（教育部，2012）。十二年國教政策共提出四項總目標：一、提升國民素質，增進國家競爭力。二、促進教育機會均等，實現社會公平正義。三、縮小教育落差，均衡城鄉發展。四、舒緩升學壓力，引導學生適性發展（教育部，2007）。可知，十二年國教欲達成之目標分成四個層面：(1)個人層面：舒緩升學壓力，導引學生適性發展；(2)社會層面：促進教育機會均等，實現社會公平正義；(3)國家層面：提升國民素質，增進國家競爭力；(4)世界層面：拓展學生國際視野，培育世界公民（陳清溪，2007）。十二年國民基本教育政策目標在透過適性輔導作爲，擺脫升學主義至上的桎梏，引導學生開發潛能，成就三百六十五行，行行出狀元。十二年國民基本教育分爲兩階段，前段是九年國民義務教育，之後銜接三年高級中等教育，其中以後三年的入學方式最受到關注與爭議。而後三年，主要內涵是普及、免學費、自願非強迫入學及免試入學爲主。實施時，先辦理免試入學，再進行特色招生。其中，免試入學的比例將逐年提高到75%以上，學生將可藉由此一管道進入高中、高職與五專。

就免試入學而言，申請名額若大於招生名額時，則採取超額比序方式排序錄取；在特色招生部分，分爲術科甄選入學及學科測驗入學兩大類；術科特色招生，另考術科考試如音樂班、美術班、體育班等；而學科考試的特色招生，則採學科考試，如數學班、英語班、語文班等。

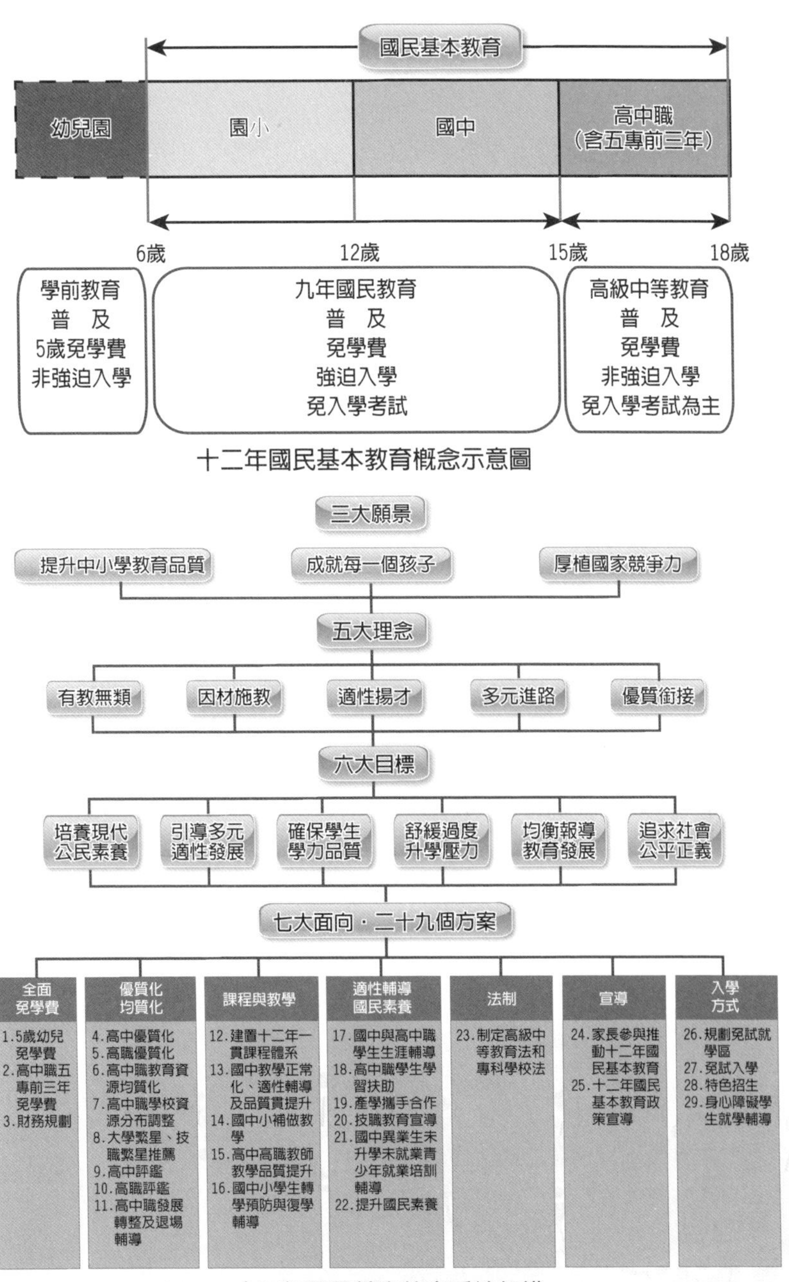

十二年國民基本教育概念示意圖

十二年國民基本教育系統架構

Unit 11-2 十二年基本國教入學形式

自100年8月份以後入學國中新生都屬於十二年國教適用的學生，在國中三年學習結束後，以普及、免學費、免入學考試與非強迫入學為主要內涵進入高中、高職、五專（前三年免學費）。

在進入高中、高職、五專就讀之前，全體國中學生都應該要接受「國中教育會考」，考試科目包含國文（選擇題45-50題）、英語（閱讀40-45題、聽力20-30題，104年才採計分數）、數學（27-33題）、社會（60-70題）、自然（50-60題）、寫作測驗。國中應屆畢業生參加國中教育會考一律免收報名費，預計在每年五月份擇一週六、週日實施，會考各考科評量結果分成「精熟」、「基礎」、「待加強」三個等級，寫作測驗則從一級分到六級分。

會考評量結果的功能如下：(1)可使每一位國三學生、教師、學校、家長、主管機關了解學生學習品質。(2)國中可參酌國中教育會考評量結果，提供學生升學選擇之建議，輔導學生適性入學。(3)可作為高中、高職及五專新生學習輔導參據。十二年國民基本教育將分為兩階段，前段是九年國民教育，之後銜接三年高級中等教育。而後三年，主要內涵是普及、免學費、自願非強迫入學及免試為主。實施時，先辦理免試入學，再進行特色招生。其中，免試入學的比例將逐年升高到75%以上，學生將可藉由此一管道進入高中、高職與五專。

就免試入學而言，申請名額若大於招生名額時，則採取超額比序方式排序錄取。在特色招生部分，特色招生係指「經認證為優質的公私立高中及高職，為落實因材施教與開展學生多元智能，依據十二年國民基本教育適性發展之精神與學校特色課程教學之需要及報經主管機關核定之特色招生計畫，透過公開甄選的方式，遴選符合其性向、興趣與能力之學生，以接受學校適性化教學與輔導」。具有特色課程之學校始得申請特色招生，而特色課程是指「學校能夠以創新思維，在十二年國民基本教育與課程綱要之架構下，考量其校史、內外部優勢條件、願景目標及社會需求，為全體學生所規劃有助於提升學習成效之課程內容或實施方式」。各校特色招生課程之實施對象為特色招生入學之全體學生，惟學校得依據學生實際需求，擴及全部或部分免試入學學生（教育部，2012）。

特色招生分為術科甄選入學及學科測驗入學兩大類。術科特色招生，另考術科考試，如音樂班、美術班、體育班等；學科考試的特色招生則採學科考試，如數學班、英語班、語文班等。

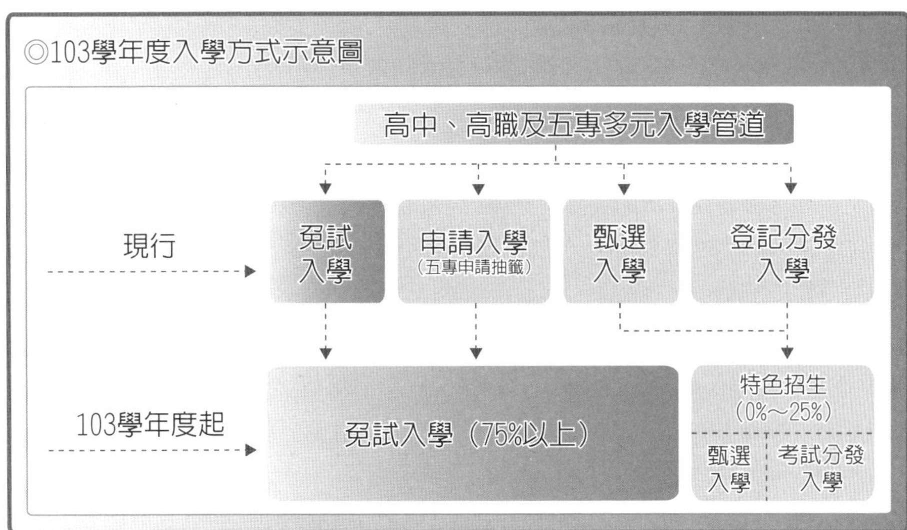

免試入學經類比序參考項目內涵概述及主要理念

項目	內涵概述	主要理念
學生志願序	學生選填志願序位。	尊重學生意願，並配合國中階段適性輔導，以落實適性選擇精神。
就近入學	高中高職提供一定比率給社區內國中學生，其餘名額提供給全區國中學生。	鼓勵學生在免試就學區內在地就學，以避免舟車勞頓跨區走讀。
扶助弱勢	協助各免試就學區內之偏遠鄉鎮國中學生、經濟弱勢（中低收入戶）學生或特殊境遇學生之升學機會。	照顧就學區內區域或經濟弱勢家庭子弟就學，以促進教育機會均等，兼顧社會正義。
學生畢（結）業資格	指學生報名免試入學時，符合國中畢業或結業資格。	為貫徹《國民教育法》第 13 條規定，國民小學及國民中學學生修業期滿，成績及格，由學校發給畢業證書。僅要求畢業生畢業時能達到應有標準，以維持義務教育階段應有品質，避免學生因免試入學而放棄正常學習。本項採門檻制，而非比較學生在校學習成績高低。
均衡學習	國中健康與體育、藝術與人文、綜合活動三領域成績及格。	為貫徹《國民教育法》第 1 條規定，鼓勵學生五育均衡發展，除得以國中學生在校健康與體育、藝術與人文、綜合活動領域之學習領域評量成績及格與否作為比序項目外，且採門檻制，不比成績高低。其他在校學習領域評量成績均不得採計。
適性輔導	學生報名科、群與「國中學生生涯輔導紀錄手冊」之「生涯發展規劃書」之相關性。	促使學校及學生重視品德教育，以利五育均衡發展。
多元學習表現	日常生活行為表現評量：學生出缺席情形、已銷過後之獎懲紀錄等。	落實學校適性輔導工作並協助學生依其性向、興趣及能力選擇適性學校就讀。

Unit 11-3 十二年基本國教與適性入學

顏國樑（2007）認爲十二年國民基本教育需要保障教育實施的品質，促進教育改革的成功，讓教育理念具體化，並且維持教育政策的穩定性與持續性。

十二年國教共通的價值和最大公約數，在於未來人才培育及規劃特色課程，此部分成功關鍵將視學生的「適性發展」的落實程度而定。學生面臨生涯和升學的選擇，需要更多的協助，以免徬徨不知所措，因此，學校應加強生涯發展教育和適性輔導。

下一代的孩子亟需擁有多元的視野，多與人合作和彼此尊重，對生命展現熱情，對學習展現活力，才能找到自我的價值，以眞正符應十二年國教的精神（童鳳嬌，2012）。學校應以生涯發展教育爲適性輔導的軸心，鼓勵學生以了解自己，培養積極、樂觀的態度及良好的品德、價值觀爲重要學習任務，並引導學生認識工作世界，以學習如何增進生涯發展基本能力。其中包含以下重點：(1)認識工作世界所需一般知能，培養獨立思考及自我反省，以擴展生涯發展信心；(2)了解教育、社會及工作間的關係，學習各種開展生涯的方法與途徑；(3)運用社會資源與個人潛能，培養組織、規劃生涯發展的能力，以適應社會環境的變遷；(4)培養個人在傳統貫徹具備學術及職業功能、升學及就業準備，強調在傳統的普通教育中建立起生涯價值等。

十二年國教的推動，讓孩子學習發現自己的潛能、優點和興趣，也可以讓教師放慢教學節奏，回歸到教育本質，實踐成人之美、引人向上的適性輔導（林志成、童鳳嬌，2007）。

適性輔導部分之具體做法，可包含建立國中適性輔導制度、國中生涯發展教育學校工作手冊及輔導諮詢機制計畫、國中學生生涯輔導紀錄手冊、完成生涯發展規劃書、發展學生適性輔導工具（一年級——一上—智力測驗由導師施測、二年級—二下—多因素性向測驗由輔導活動科教師施測、三年級—三上—普通興趣量表由輔導活動科教師施測）、提供學生認識現行高中職彈性就學轉換制度之管道、加強辦理多元入學及生涯進路等宣導，與教學強調名人故事、實作體驗、反省思考、現場參訪、心理測驗、資料蒐集、影片教學等。

此外，也可導入由美國勞工部（U. S. Department of Labor）所發展之O*NET Interest Profiler，經翻譯修訂而成華人生涯網之職業興趣量表（CCN Interest Inventory），本量表係以Holland（Holland, 1997; Spokane, 1996）之「職業人格理論」（Theory of Vocational Personality）爲依據所編製。除要求學生上網填寫興趣量表外，並逐年填寫風格測驗與能力測驗整備量化資料分析，並進一步引導學生進行系統中自我探索與生命故事敘寫，補齊質性資料；最後引導教師針對系統中路徑探索之學系與職業資料、自我探索之量化評量與質性探索和故事交流之科系學習、職場工作、世間生活、議題處理與自我探索等面向發展教材教案融入教學，並據此進行專業交流，強化學生適性輔導功能。

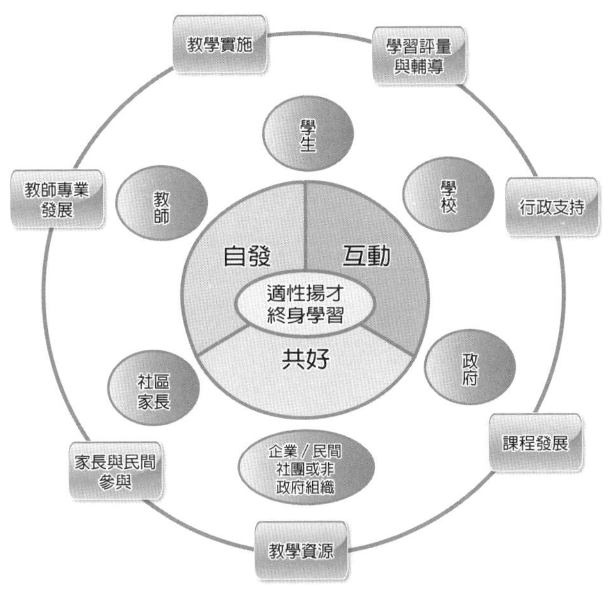

十二年國民基本教育課程綱要總綱實施要點架構圖

十二年國民基本教育課程類型區分為二大類：「部定課程」與「校訂課程」

教育階段 ＼ 課程類型		部定課程	校訂課程
國民小學		領域學習課程	彈性學習課程
國民中學			
高級中等教育	普通型高級中等學校	一般科目 專業科目 實習科目	校訂必修課程 校訂選修課程 團體活動時間 彈性學習時間
	技術型高級中等學校		
	綜合型高級中等學校		
	單科型高級中等學校		

1.「部定課程」：由國家統一規劃，以養成學生的基本學力，並奠定適性發展的基礎。
  (1) 在國民小學及國民中學為培養學生基本知能與均衡發展的「領域學習課程」。
  (2) 在高級中等學校為部定必修課程，其可包含達成各領域基礎學習的「一般科目」，以及讓學生獲得職業性向發展的「專業科目」及「實習科目」。
2.「校訂課程」：由學校自主規劃，以形塑學校教育願景及強化學生適性發展。
  (1) 在國民小學及國民中學為「彈性學習課程」，包含跨領域統整性主題／專題／議題探究課程，社團活動與技藝課程，特殊需求學生課程，以及服務學習、以及服務學習、戶外教學、自治活動、班級輔導、學生自主學習等其他類課程。
  (2) 在高級中等學校則為「校訂必修課程」、「校訂選修課程」，以及包含班級活動、週會、專題演講、社團活動等「團體活動時間」和包含學生自主學習、學生課業補強（充實／補強性課程）與選手培訓、全校性／全年級／班群之團體活動及重補修等「彈性學習時間」。

Unit 11-4 十二年基本國教之課程發展與教學活化

陳益興、王先念（2007）指出十二年國教推動之原則在於：入學普及化、教育優質化、就學在地化、學習一貫化、縮短學費差距及縮小城鄉差距。其中，教師活化教學列車系列的開啓，更爲重點工作。期盼藉由教師鼓勵孩子張開學習的觸角，並帶領學生結合社區活動，以培養學生具體實踐能力。

學校可以課程發展的草根模式爲橫軸，整合校內外各項資源爲縱軸，制定學校本位之課程發展與活化教學的因應策略。在課程規劃方面，除擴編課發會成員組織外，並整合校內外資源開發學校特色課程；在教學活化方面，則以教師專業社群爲主，發展專業對話與共享文化機制。

進行學校課程發展委員會擴編，以校長爲召集人、教務主任爲執行祕書、總務主任爲副執行祕書，邀請七大學習領域研究會之召集人、家長會長爲當然代表，增加各領域教師遴選代表名額，並邀請地方產業與社區大學代表參加，期能擴大決策參與範圍，整合學界與業界資源，共同探討及檢討修正。由各領域專業對話所形成之校本總體課程計畫。

其次，課程計畫內容可結合鄰近之地理環境特徵，以及產業文化、山川景觀、自然生態、人文遺產等資源，以提供課程發展重要素材，聚合成多元化的課程發展樣貌。

此外，並爭取大學端進行專業發展合作，以雲端資源整合交流並拓展專業深化。同時在教師專業社群設立多樣化教學策略及多元評量機制扎根、發展「適性發展、瞭望國際」教育圖像等等方面，將教育理念具體實踐成爲各項行動方案，並定期教學觀摩、學術發表與教學成果產出。

教學活化部分，教師可秉持「創新教學」爲推動的要項，教學目標在培養學生具有積極創新的精神，並帶動學生表現創新。因此，以教學創新爲主，形塑教師專業社群文化，由領域教師親自進行班級教學觀摩、e化教學知能、班級經營及親師溝通等議題，並與領域教師專業對話和分享，形塑共學氛圍，進而形成各領域教師專業社群。

綜而言之，符應「學校本位經營」（School-Based Management, SBM）的教育改革走向，進行總體課程規劃工作，除邀請校內各領域教師代表外，也邀請社區文史與產業代表參與。即是以學校本位課程發展之由下而上的草根模式爲主軸，由不同領域內教師進行逐一討論專業對話，發展各領域教學與評量實施計畫，並在領域教學研究會中針對各項教材教案與試題研發進行雙向細目表審題機制，提升試題品質並在成績評量後進行補救教學，以確保學生學習成效。

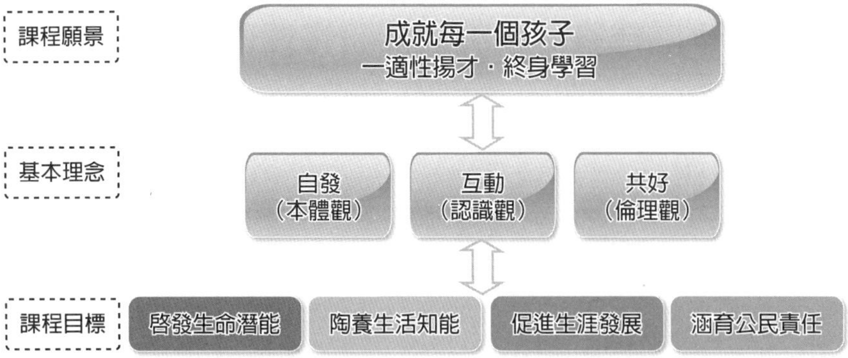

課程願景

成就每一個孩子
一適性揚才．終身學習

基本理念

自發（本體觀）
互動（認識觀）
共好（倫理觀）

課程目標

啓發生命潛能
陶養生活知能
促進生涯發展
涵育公民責任

十二年國民基本教育課程的願景、基本理念及目標之圖像

十二年國民基本教育各教育階段共同課程之領域課程架構

教育階段		國民小學						國民中學			高級中等教育		
階段		第一學習階段		第二學習階段		第三學習階段		第四學習階段			第五學習階段（一般科目）		
年級 領域		一	二	三	四	五	六	七	八	九	十	十一	十二
部定課程	本國語文	國語文		國語文		國語文		國語文			國語文		
		本土語文／新住民語文		本土語文／新住民語文		本土語文／新住民語文							
	外國語文			英語文		英語文		英語文			英語文		
											第二外國語文（選修）		
	數學	數學		數學		數學		數學			數學		
	社會	生活課程		社會		社會		社會			社會		
	自然科學			自然科學		自然科學		自然科學			自然科學		
	藝術			藝術		藝術		藝術			藝術		
	綜合活動			綜合活動		綜合活動		綜合活動			綜合活動		
	科技							科技			科技		
	健康與體育	健康與體育		健康與體育		健康與體育		健康與體育			健康與體育		
											全民國防教育		
校訂課程	彈性學習必修／選修／團體活動	彈性學習課程									校訂必修 校訂選修 團體活動 彈性學習		

Unit 11-5 十二年基本國教總綱研修要義

十二年國民基本教育課程以「成就每一個孩子—適性揚才，終身學習」為願景，結合「自發、互動、共好」的基本理念，從學生生命主體的開展為起點，提出「啟發生命潛能、陶養生活知能、促進生涯發展、涵育公民責任」的目標。

一、素養導向

課程以核心素養為連貫統整的主軸，秉持全人教育的理念，透過與生活情境的結合，學生能夠理解所學，進而整合和運用所學，解決問題、推陳出新，成為與時俱進的終身學習者。

二、連貫統整

知識結構的統整，有利於學習者獲得有意義與完整的學習。課程綱要研修應將國小、國中、高級中等教育作整體與系統的考量，強化階段間的縱向連貫及領域／群科／學程／科目課程間的橫向統整。

三、多元適性

學生是學習的主體，課程發展應考量其多元智能、興趣和性向等不同特質，激發其學習動機，促進其適性揚才。

四、彈性活力

課程綱要必須具備調整改變的彈性，兼顧教師、學校、家長及地方的需求和參與，且能夠連結社區力量及社會資源，發揮教學的活力。

五、配套整合

配套措施的規劃係為落實課程綱要的施行，以促進學生學習及維護學生學習權作為目的。配套措施應基於自發、互動、共好之理念，並持續以學生學習為焦點而進行對話與協作。重點如下：

1.課程的改革應包括正式課程、非正式課程與潛在課程等層面。

2.配合十二年國民基本教育之推動，重新檢視與修訂課程綱要實施之相關法令規章。

3.配合課程綱要的研修與實施各階段，強化課程的溝通、宣導與傳播推展。

4.配合課程綱要研修，同步調整師資培育與教師專業發展（含在職進修），以及大學與技專校院招生方式、考試命題等。

5.透過課程研發、課程教學輔導、師資培育及學習評量等系統之協作平台，整合十二年國民基本教育課程教學之推展與實施。

6.強化課程實施支持的行動，例如：健全課程教學的輔導與支持體系、鼓勵教材教法研發、完善教學與學習支援平台、持續建置學生學習成就資料庫、充實圖書儀器與空間設備、強化課程研究發展的組織與運作、落實課程評鑑、發展教師專業學習社群、強化多元學習評量，以及實施充實與補救的適性教學等。

備註：依《高級中等教育法》，高級中等學校分為：普通型高級中等學校、技術型高級中等學校、綜合型高級中等學校、單科型高級中等學校。

總綱實施要點與十二年國民基本教育課程
理念與特色—課程發展表

	自發、互動、共好	培育學生核心素養（成為終身學習者）	彈性多元（適性揚才）	配套措施
課程發展	1. 學校教育願景規劃時需搭配之。 2. 學校本位課程設計與發展與必選修規劃實施應呼應「自發、互動、共好」。 (1) 自發：學校自發建立校本與特色課程，創新課程與教學並規劃必選修。 (2) 互動：透過親師生、校外內之協作互動持續改善課程。 (3) 共好：透過課程發表與課程評鑑歷程，促進深度對話與相互學習。 3. 各校課程計畫運用書面或網站等多元管道公告說明。	1. 校本與特色課程規劃與實施能落實十二年國教核心素養之培育。 2. 校本課程發展納入重大或新興議題。 3. 在領域課程實施中，強調跨領域課程協作與實施。 4. 引導學生透過自主學習、實作體驗與專題探究等，以激學習動機與熱情。	1. 學校可發展校本課程，建立學校特色。 2. 在校訂課程中，進行彈性學習與選修的規劃，落實適性揚才。 3. 為因應特殊類型學生之個別需要，應提供支持性輔助、特殊需求課程及實施課程調整。 4. 落實以「學生主體」的學習，進行適性課程之規劃，並提供學生適性學習與轉銜的彈性選修機制。	1. 課程發展會組織要點由學校依本要點訂立之。 2. 課程評鑑的實施辦法由教育主管機關與學校依職掌分別訂立之。 3. 落實學校選修課程的實施，教育主管機關需編列經費支持選修課程實施。 4. 中央及地方建立「學校端課程計畫之發展與執行」輔導與資源整合平台。 5. 主管機關應提供學校本位課程研發與實施的資源。

Unit 11-6 十二年國教核心素養的意義

「素養」相當接近我國《辭海》的「平日之修養」，《漢書・李尋傳》的「馬不伏櫪，不可以趨道，士不素養，不可以重國」，宋朝陸遊《上殿箚子》的「氣不素養，臨事惶遽」，以及元朝劉祁《歸潛志》的「士氣不可不素近乎」，與傳統中國與華人社會所謂「成人之學」的修習涵養之東方教育素養（蔡清田，2011，2012， 2014）。「素養」涵蓋知識、能力與態度（洪裕宏，2008），素養是在知識與能力基礎之上，加以擴展進化升級轉型成為未來社會生活所需之素養（陳伯璋、張新仁、蔡清田、潘慧玲，2007；蔡清田，2014）。

十二年基本國民教育之課程與設計以全人教育之精神，以自發（take the initiative）、互動（engaging the public）、共好（seeking the common good）為基本理念，以「成就每一位孩子—適性揚才，終身學習」為願景；明訂啓發生命潛能、陶養生活知能、促進生涯發展、涵育公民責任為四項總體課程目標（教育部，2011）。核心素養主要應用於國民小學、國民中學及高級中等學校的一般領域／科目，至於技術型、綜合型高中的專業科目與實習科目，則依其專業特性及群科特性進行發展，核心素養可供作彈性參考。

核心素養，有人譯為「核心能力」或「基本能力」或「關鍵能力」，係指一個人所具備的最基本和最重要的知識、能力和態度。因此，核心素養可能含括認知、技能、情意、價值和行動等層面（吳清山，2011）。「核心素養」是指一個人為適應現在生活及面對未來挑戰，所應具備的知識、能力與態度；素養是一種構念，係指個人為了健全發展，並發展成為一個健全個體，必須透過教育與學習獲得因應社會之複雜生活情境所不可欠缺的知識能力與態度。

國民核心素養三大面向與九大項目分別是：自主行動面向包含身心素質與自我精進、系統思考與解決問題、規劃執行與創新應變；溝通互動層面包含符號運用與溝通表達、科技資訊與媒體素養、藝術涵養與美感素養；社會參與面向包含道德實踐與公民素養、人際溝通與團隊合作、多元文化與國際理解（吳清山，2011）。

核心素養與專業能力是相輔相成的，前者屬於個人發展的基礎，後者則是個人發展的要件。一個人擁有厚實的核心素養，就能使自己的專業能力發揮加乘的作用。所以，一個人不能只有專業能力而沒有核心素養，也不能只有核心素養卻缺乏專業能力（吳清山，2011）。核心素養需透過適切的課程轉化，並落實於課程、教學與評量中。各領域／科目的課程綱要研修需參照《十二年國民基本教育課程發展指引》，考量領域／科目的理念與目標，結合或呼應核心素養具體內涵，以發展及訂定「各領域／科目之核心素養」及「各領域／科目學習重點（含學習表現與學習內容）」。

能力（ability）與素養（competence）之比較表

	能力 (ability)	素養 (competence)
界定	能力的界定比較含糊不清而較不精確，容易引起混淆	素養的界定較為精確而周延，素養不只重視知識，也重視能力，更強調態度的重要性
意義	能力是指個人具有能夠勝任某項任務的才能之實務能力與潛在能力，往往未涉及態度情意價值	素養是個體為了發展成為一個健全的個體，必須因應未來混沌複雜之生活情境需求，所不可欠缺的知識、能力與態度
先/後天	能力的形成是經由先天遺傳與後天努力學習獲得的	素養強調教育價值功能，素養是學習的結果，並非先天遺傳，是後天努力學習而獲得的，合乎認知、技能、情意的教育目標
適用的社會	能力是偏向於過去「傳統社會」與「工業社會」所強調的技術能力、技能、職能等用語	素養適用於複雜多變的「新經濟時代」與「資訊社會」之科技網路世代各種生活場域，可成功地回應生活情境下的複雜需求，特別是因應當前後現代社會複雜生活所需的知識、能力與態度
理據	偏個人工作謀生所需，及「個人主義」「功利導向」，易有流於能力本位行為主義之爭議	可促進個人發展與社會發展，已超越行為主義的能力，具有哲學、人類學、心理學、經濟學、社會學等不同學門的理論根據
實例	聽、說、讀、寫以及操作簡易的機器設備，如會使用打字機、傳真機、收音機、隨身聽、電視、電話、洗衣機、會開車等能力	例如，語文素養，科學素養、民主素養、資訊素養、媒體素養、多元文化素養、環境生態素養、能自律自主行動、能與他人互動、能使用工具溝通，會開車且願禮讓

資料來源：蔡清田（2011c）。

第12章 十二年國教課程規劃與教學實踐面面觀

章節體系架構 

Unit12-1 課程實施與相關配套
Unit12-2 彈性學習課程
Unit12-3 課程評鑑
Unit12-4 十二年課綱之有效教學
Unit12-5 十二年課綱之差異化教學
Unit12-6 素養導向教學設計
Unit12-7 十二年課綱之考招連動及學習歷程檔案

十二年國教課程已經正式上路，這項被視為影響國力及競爭力甚鉅的重要課程改革政策正在中等以下的各級學校如火如荼的實施，對於教師與學生和家長的生活密切連動。因此，本章針對課程實施與相關配套、彈性學習課程、課程評鑑、有效教學、差異化教學、素養導向教學設計、考招連動及學習歷程檔案等進行介紹，作為親師生因應改革有所準備之參酌。

Unit 12-1 課程實施與相關配套

我國首次將國小一年級到高中十二年級國民教育課程綱要連貫發展，規劃縱向個學習階段所需。此次，將「終身學習者」視爲核心素養意象圖目標，且以「核心素養」爲主軸，改變過去重視「知識」傳遞爲主的教與學方式，同步重視「能力」與「態度」，課程實施過程重視探究與實作，並強調生活情境應用及跨領域的學習，培養孩子們面對未來世界的各種挑戰。

十二年課綱自97年起進行課程基礎研究，於101年完成課程發展機制，在103年2月發布《十二年國民基本教育課程發展建議書及課程發展指引》，而103年11月發布《十二年國民基本教育課程綱要總綱》，並於108年透過各分組課綱委員及課審大會委員逐步審議，完成各領域課程綱要審議。

本次課程綱要有四大協作系統，分別是課程發展、教學增能、師資培力及考招連動四大系統協作推動十二年課綱。課程綱要配套措施分別有法規研修、教師增能、資源整備、考招連動及宣導溝通五大層面。法規研修共有35種，包含課程類8種、教學類10種、教科圖書類3種、評量類4種、設備類6種與其他類4種；教師增能則有67.9萬餘人次進行研討，並有1／6左右的學校參與前導學校，透過648所前導學校及各校教師專業成長社群與國中小輔導團和增能學分班等方式進行；資源整備則有落實國中小教師專長授課、國中因應新增科技領域師資因應作爲，以及經費挹注在精進課程與教學、師資員額增能和教學設施設備等項目；考招連動爲強調學習歷程檔案在招生的重要性，包含引導學生自主勾選備審資料及提前公布學習歷程採計比例之大學招生科系和方式，並推動各大學招生專業化發展等內容；宣導溝通則有針對教育行政人員、學校教師、學生與家長和社會大眾等不同族群分別進行。上述配套措施則在回應十二年課綱推動目的，在讓每一個孩子成爲更好的自己。

十二年課綱——學校本位課程發展程序圖

（規劃＋實踐＋反思→符合素養導向原則）

1. 組成課發核心小組（7月）

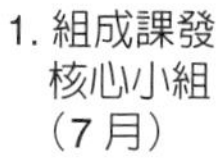

2. 發展學校願景目標（7-8月）

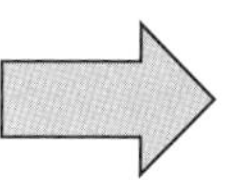

3. 塑繪學生學習圖像（7-8月）

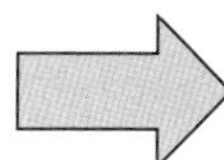

4. 詮釋敘說學生圖像（9月）

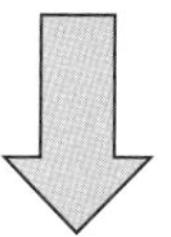

5. 確立教學重點、專業能力及教育目標（9月）

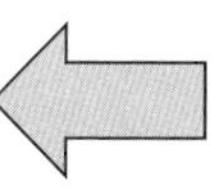

6. 檢視環境配套措施（9-12月）

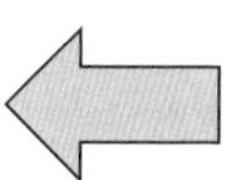

7. 研擬校訂選修課程（9-12月）

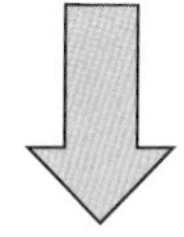

8. 規劃彈性學習課程（9-12月）

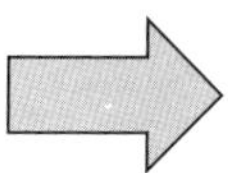

9. 確立學校課程地圖（9-12月）

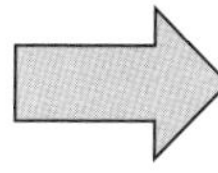

10. 推動教師專業備觀議增能（8-12月）

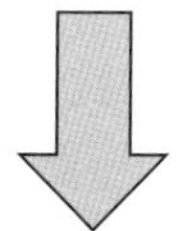

11. 建立課程評鑑制度（9-12月）

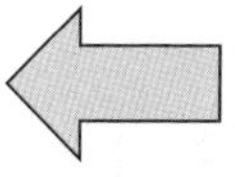

12. 學校課程計畫完備（12月）

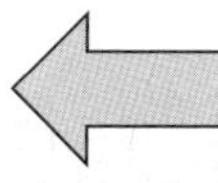

Unit 12-2 彈性學習課程

十二年國教課綱提及「校訂課程」由學校安排，以形塑學校教育願景及強化學生適性發展，而校內的「彈性學習課程」是校訂課程體現。

「彈性學習課程」取代九年一貫課程的「彈性學習節數」，主要是希望藉由課程的彈性化，提升學生的學習興趣與適性發展。在用詞上，從「時間」改變爲「課程」，是希冀學校及教師要對此有明確規劃，依該校學生的特性、興趣與學校願景，進行有系統的考量與設計，同時要符合課綱規範，以深化彈性學習課程意義價值。

彈性學習課程包含四大類：

1.第一類爲統整性主題／專題／議題探究課程

重點在於以跨領域／科目或結合各項議題，強化知能整合與生活運用能力。

2.第二類是社團活動與技藝課程

目標在讓學生依興趣、性向及能力分組自由選修，與其他班級學生共同上課。

3.第三類是特殊需求領域課程

專指身心障礙、資賦優異、體育班或藝術才能班等學生學習需求所安排之課程。身心障礙類有生活管理、社會技巧、學習策略、職業教育、溝通訓練、點字、定向行動、功能性動作訓練、輔助科技運用等；資賦優異類爲創造力、領導才能、情意發展、獨立發展等或是其他類如藝術才能班及體育班專門課程。

4.第四類有其他類課程

諸如本土語文／新住民語文、服務學習、戶外教育、班際或校際交流、自治活動、班級輔導、學生自主學習、領域補救教學等。

學校則應將學生的彈性學習課程成績評量紀錄及具體建議，每學期至少以書面通知家長及學生一次。教師應常常思考以下問題：彈性學習課程的教材該如何規劃及選擇，以確保其品質？彈性學習課程的設計與實際授課教師不同時，可能會產生的問題？如何透過對話與增能解決這些問題？彈性學習課程的成績評量內涵包含核心素養、學習重點、學生努力程度、進步情形，並且應兼顧認知、情意、技能及參與實踐等層面，同時重視學習歷程及結果的分析。

學生學習圖像及融合課綱之課程架構

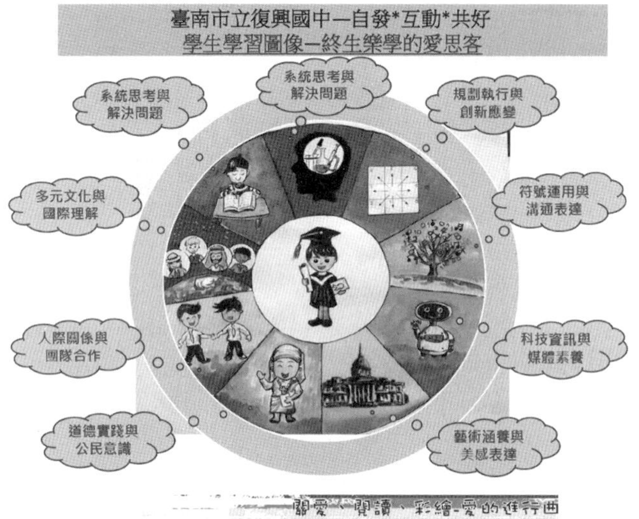

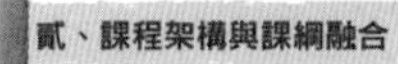

貳、課程架構與課綱融合

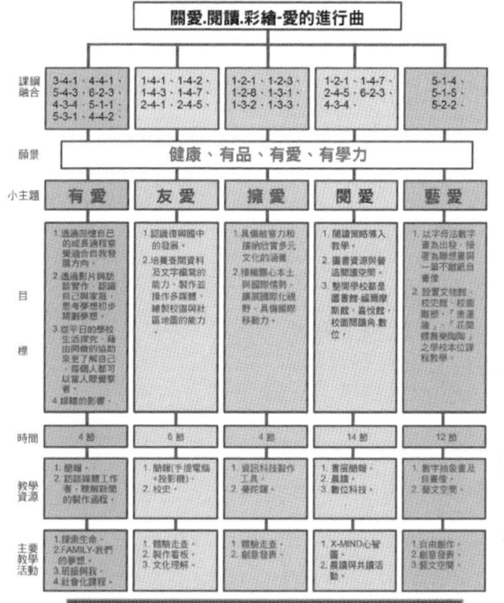

關愛.閱讀.彩繪-愛的進行曲

課綱融合	3-4-1、4-4-1、5-4-3、6-2-3、4-3-4、5-1-1、5-3-1、4-4-2、	1-4-1、1-4-2、1-4-3、1-4-7、2-4-1、2-4-5、	1-2-1、1-2-3、1-2-8、1-3-1、1-3-2、1-3-3、	1-2-1、1-4-7、2-4-5、6-2-3、4-3-4、	5-1-4、5-1-5、5-2-2、
願景	健康、有品、有愛、有學力				
小主題	有愛	友愛	擁愛	閱愛	藝愛
目標	1.透過回憶自己的成長過程察覺適合自我發展方向。 2.透過影片與訪談實作，認識自己與家庭，思考夢想初步規劃夢想。 3.從平日的學校生活探究，藉由同儕的協助來更了解自己，每個人都可以當人際覺察者。 4.媒體的影響。	1.認識復興國中的發展。 2.培養查閱資料及文字編寫的能力，製作並操作多媒體，繪製校園與社區地圖的能力。	1.具備覺察力和接納欣賞多元文化的涵養 2.積極關心本土與國際情勢，擴展國際化視野，具備國際移動力。	1.閱讀策略導入教學。 2.圖書資源與營造閱讀空間。 3.整間學校都是圖書館-福爾摩斯館，喜悅館，校園閱讀角.數位。	1.以字母法數字畫為出發，接著為聯想畫與一筆不離紙自畫像 2.設置文物館、校史館、校園雕塑，「奧運牆」、「花開蝶舞樂陶陶」之學校本位課程教學。
時間	4節	6節	4節	14節	12節
教學資源	1.簡報。 2.訪談媒體工作者，瞭解新聞的製作過程。	1.簡報(手提電腦+投影機)。 2.校史。	1.資訊科技製作工具。 2.曼陀羅。	1.書展簡報。 2.晨讀。 3.數位科技。	1.數字抽象畫及自畫像。 2.藝文空間。
主要教學活動	1.探索生命。 2.FAMILY-我們的夢想。 3.班級與我。 4.社會化課程。	1.體驗走查。 2.製作看板。 3.文化理解。	1.體驗走查。 2.創意發表。	1.X-MIND心智圖。 2.晨讀與共讀活動。	1.自由創作。 2.創意發表。 3.藝文空間。
評鑑	學習單、口語表達、實地踏查、實作評量				

Unit 12-3 課程評鑑

各縣市108學年度的學校課程計畫送教育局處備查，都包含了課程評鑑項目，因爲，掌握課程評鑑步驟才能持續改進，確保課程實施成功。課程評鑑執行步驟從成立課程評鑑小組、確定評鑑對象與層面、決定資訊蒐集方法及選用或設計評鑑工具、分析評鑑結果、回應改善與調整等，每個步驟都有意義，對整體課程成效的提升，深具影響力。

黃嘉雄（2018）指出課程評鑑應包含以下層面：1.課程設計層面（①教育效益／素養導向／學習效益、②內容結構、③邏輯關聯、④發展過程）；2.課程實施（①實施準備、②實施情形）；3.課程效果（①素養或目標達成、②持續進展）。各課程在課程設計、實施和效果層面上的評鑑重點及課程發展品質原則，主要是參酌課綱內容、課程發展與設計重要原則及評鑑學理研擬。

黃光雄、蔡清田（1999）即提出評鑑具備七個功能：

1.「**需求評估**」

在課程方案設計前，先調查社會及學生的需要所在，作爲規劃的依據，若未實施需求評估便著手設計課程，可能昧於社會及學生的需要。

2.「**缺點診斷**」

旨在蒐集現行課程之缺點及其成因，作爲課程改進之用。

3.「**課程修訂**」

課程修訂人員藉由評鑑方法，反覆尋找方案的優缺點，試用擬就新方案以達到完美境地。

4.「**課程比較**」

係藉由評鑑來了解不同課程目標、內容、特點和效果。

5.「**課程方案的選擇**」

旨在藉由評鑑，來判別課程方案的優劣價值，以便作成選擇的決定。

6.「**目標達成程度的了解**」

係以評鑑來比較課程目標和課程效果，探討目標達成了多少。

7.「**績效判斷**」

旨在藉由評鑑了解課程設計及實施人員的績效。

教師進行設計課程與實施教學的過程中，希望從學生、家長、同儕間獲得哪些回饋，應在設計時就納入評鑑的思維，並思考如何取得前述相關資料，以利調整和修正教師自己的課程和教學，而提升學生學習成效。

教育部提供學校課程評鑑計畫資料參考表

評鑑對象	評鑑層面	評鑑資料與方法
課程總體架構	設計	1. 檢視分析學校課程計畫中之課程總體架構內容。2. 訪談教師對課程總體架構之意見。
	實施準備	1. 檢視分析各處室有關課程實施準備的相關資料。2. 實地觀察檢視各課程實施場所之設備與材料。
	實施情形	1. 觀察各課程實施情形。2. 分析各領域／科目教學研究會及彈性學習課程設計與推動小組之會議紀錄、觀、議課紀錄。
	效果	檢視分析各領域／科目教學研究會及彈性學習課程設計與推動小組提供之課程效果評估資料。
各（跨）領域／科目課程	設計	1. 檢視分析各該（跨）領域／科目課程計畫、教材、教科書、學習資源。2. 訪談授課教師或學生對課程設計內容之意見。
	實施準備	1. 實地檢視各該課程實施場所之設備與材料。2. 分析各該（跨）領域／科目教學研究會議紀錄、共同備、議課記錄。
	實施情形	1. 於各該（跨）領域／科目公開課、觀課和議課活動中了解實施情形。2. 訪談師生意見。
	效果	1. 分析學生於平時評量之學習成果資料。2. 每學期末分析學生之定期評量結果資料。3. 分析學生之作業成品、實作評量或學習檔案資料。
各彈性學習課程	設計	1. 檢視分析各彈性學習課程之課程計畫、教材、學習資源。2. 訪談授課教師或學生對課程設計內容之意見。
	實施準備	1. 實地訪視各該課程實施場所之設備與材料。2. 分析課程設計與推動小組之會議紀錄、共同備、議課紀錄。
	實施情形	1. 辦理各該彈性學習課程之公開課、觀課和議課活動，從中了解實施情形。2. 訪談師生意見。
	效果	1. 分析學生於平時評量之學習成果資料。2. 課程結束時分析學生之期末評量、作品、學習檔案或實作評量結果資料。

資料來源：http://blog.ilc.edu.tw/blog/index.php?op=printView&articleId=773215&blogId=41304

Unit 12-4 十二年課綱之有效教學

課程規劃的實施成果與學生學習成效息息相關，而學生學習成效則與教師有效教學有高度相關，學校需建構課程地圖彰顯課程特色並落實多元選修課程。其中，關鍵在於教師能否以創新教學方法落實有效教學。

此外，透過教師專業學習社群的落實運作，鉅細靡遺研討教學方法的創新與教學策略的精進才有可能逐步達成教師專業發展。而落實學科分組教學及跨領域合作並善用雲端媒體科技與突破傳統教學思維等，均爲創新教學方法、精進教學策略的面向。以下分別進行介紹。

教育部（2009）在《中小學教師專業學習社群》手冊中指出專業學習社群是指一群志同道合的教育工作者所組成，持有共同的信念、願景或目標，爲致力於促進學生獲得更佳的學習成效，而努力不懈地以合作方式共同進行探究和問題解決。

簡言之，「教師專業學習社群」必須關注於學生學習成效的提升，不能僅止於教師專業知能的成長或個別興趣的追求而已（中小學教師專業學習社群手冊，2009，頁8）。教師社群功能包含共同備課交流理念與經驗、擴展專業知識、解決教學實務問題、共同議課設計課程、研發教材及共同觀課並精進教學策略等。教育並非個人英雄主義就可成功，一群人共同努力才能可長可久，教師養成社群合作的習慣也才能培養出團隊合作面對各項挑戰的優質學子。教師社群成員組成可以採用單校單科、單校跨領域、跨校單科、跨校跨領域、學校專案任務、專業發展主題形式、教學主題形式等。

而學科分組教學的模式包含隨機分組上課、分組跑班選修、能力分組跑班上課、同班級內異質分組上課。可達成相互影響及分組合作學習。

至於創新教學則首推雲端媒體科技的運用最爲重要，因爲，2020年年初出現新型冠狀病毒疫情，出現學生居家自主健康管理及防疫期間的學習需求，以及爲引導各級學校準備與實施線上教學，教育部邀集有數位教學經驗的教師錄製線上教學概論、線上混成教學實施方式等影音課程；並彙集教育部教育雲及民間數位學習資源、平台與工具，提供教師數位教學及學生自學參考使用。

公部門的線上教學平台分別有國家教育研院所屬的愛學網、學習吧LearnMode平台、教室教學的春天分組合作學習、因材網、台北市酷課雲等。在坊間有翰林雲端AI家教、精學堂、均一教育平台、Pagam線上學習平台等。

美國學者艾德格·戴爾(Edgar Dale)所提出「學習金字塔」(Cone of Learning)

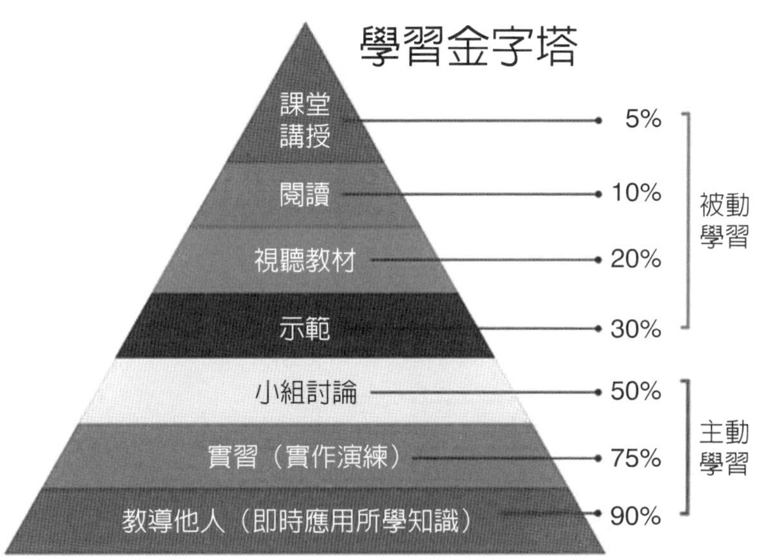

資料來源：美國緬因州的國家訓練實驗室（National Training Laboratories）
圖片來源：https://www.google.com.tw/search

註解：

美國學者埃德加·戴爾（Edgar Dale）1946 年提出了「學習金字塔」（Cone of Learning）的理論。以語言學習為例，在初次學習兩個星期後：閱讀能夠記住學習內容的 10%；聆聽能夠記住學習內容的 20%；看圖能夠記住 30%；看影像、看展覽、看演示、現場觀摩能夠記住 50%；參與討論、發言能夠記住 70%；做報告、講給別人聽、親身體驗、動手做能夠記住 90%。

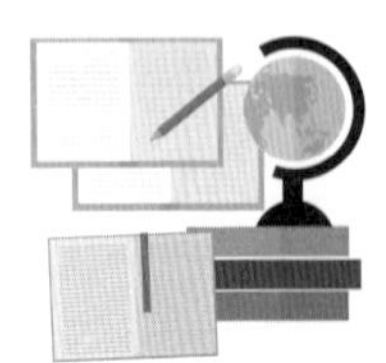

Unit 12-5 十二年課綱之差異化教學

傳統的教學模式統一進度且直接教學，最後進行評量與檢討，容易造成學生個別差異出現造成學習的雙峰現象。而差異化教學則是針對同一班級之不同程度、學習需求、學習方式及學習興趣的學生，提供多元學習輔導方案的教學模式（Subban,2006）。教師能依據並回應學生，學習差異及需求，彈性調整教學內容、進度和評量方式，以提升學生學習效果和引導學生適性發展。

美國教育學者Wiggins & McTighe（1998）提出重視理解的課堂設計（Understanging by Design），希望課程設計以學生爲中心，重點在引導學生深入探討與理解核心問題，也是一種將評量結果設計優先於教學活動設計的差異化將教學設計方法。

可知，差異化教學成功關鍵在於教師的教學方法要更富有彈性且具多元化，能夠滿足每位學生獨特的個別需求。教師的教學彈性，來自對教學方式的重新思考與組合、運用不同的教學策略及各種教學資源的靈活運用等方面。

教師應致力於提升每個學生的學習能力以輔導學生獨立思考、學習的責任心、激發學習的自豪感爲重要目標，並尊重接納每位學生。有效能的教師應具備專業素養，從了解每位學生不同學習需求開始，並藉由教學行動不斷蒐集學生學習資料，包含：教師教學札記、現場教學觀察紀錄、訪談或是問卷及系統性的彙整相關文件，搭配學生不同的起點行爲，隨時反省自身教學不足之處，修正課程與單元內容，以促進自己專業成長並提升學生學習動機與成效。

差異化教學包含：學習風格（LearningProfile）、興趣（Interest）、環境（Enviornment）、成果（Product）、過程（Process）與內容（Content）等六大面向。學習風格代表學生的學習偏好與挑戰，興趣則是對學習內容的積極態度與情緒準備度，環境則有教室的物理環境與學習氛圍，成果爲學生如何展現所學及理解及表現，過程是幫助學生獲得知識的教學活動設計，內容爲學生需理解的知識與技能（Tomlinson, 2014）。

Tomlinson（2001）則指出差異化教學有三項特質，第一是學習準備度細緻，學生的學習起點行爲須具有先備知識、學習態度，而教師透過觀察差異後提供不同學習機會與回應以利連結新舊經驗；第二則是學習興趣，包含學生的積極態度與情緒學習動機密不可分，教師可轉化教學材料引導學生學習；第三爲學習者特性，象徵學生的學習優勢與偏好等資訊。

差異化評量是教學成功的要素，甄曉蘭、侯秋玲（2014）表示教師進行差異化評量時可採用策略如下：多元智慧優勢、分層式作業、學習／興趣中心、圖表概念圖、小組教學、九宮格、鷹架閱讀／寫作、多元菜單等。此外，亦可採用遊戲化評量，讓學生在遊戲中學習並在學習中評量，採取活潑生動的教學，除了可以提高學生學習動機與學習興趣，也可讓學生在遊戲中學習與成長。

傳統教室和差異化教室的對照

傳統教室	差異化教室
教師中心	學生中心
教學設計（選擇內容、設計作業、實施評量）	教學設計（確認標準、診斷學生學習準備度、興趣與學習偏好、設計多元的學習方式和學習評量）
學習語言和邏輯數學智慧最重要	分辨與尊重多元智慧
較不重視學生學習興趣	重視學生學習興趣
教學被課程綱要與教科書主宰	學生學習準備度、學習興趣與學習風格形塑教學
全班教學	多樣化教學形式（全班 / 小組兩兩一組獨立研究）
共同作業	可選擇作業
教學策略運用有限	運用多元教學策略
教科書為主並輔以其他教材	廣泛多層次的教學資源
選擇有限	鼓勵學生選擇學習與評量
教師主導學生學習占課堂大部分時間	教師促進學生自主發展與決定
建立優秀的共同標準	以個人成長與進步定義優秀
全班使用共同的評量	多元形式學習評量
課堂結束或單元完成才進行評量	持續行診斷性、形成性與總結性評量

資料來源：Arends, R. I., & Kilcher, A. (2010). *Teaching for Student Learning: Becoming an accomplished teacher*. New York, NY: Routledge.

Unit 12-6 素養導向教學設計

素養導向的課程與教學實踐，倡導學習者中心的學習取徑，強調整合知識、技能與態度的課程設計，設計情境化、脈絡化的學習機會，重視學習歷程、方法及策略的巧妙運用，終而導出學生實踐力行的表現（教科書研究，2017）。這也就是十二年國教重要的核心素養：終身學習者。

林永豐（2017）曾指出教師進行素養導向教學設計時，除了心中要想到所設計的學習活動如何有助於「總綱核心素養」的達成，也要符合四點基本原則，作爲素養導向課程與教學設計的參考：包含：1.連結實際的情境脈絡，讓學習產生意義；2.強調學生參與和主動學習，得以運用與強化相關能力；3.兼顧學習的內容（學習內容）與歷程（學習表現），以彰顯素養所包含知識、技能、情意的統整能力；4.針對不同核心素養項目，應有不同設計重點。素養導向課程與教學設計與實施可掌握四項基本原則，依據領綱之學習表現及學習內容，以及該領域／科目核心素養相互檢視與交織轉化爲學習目標、學習任務情境、學習歷程，以及學習評量。設計模式宜海納百川，可隨領域／科目性質與對象而彈性調整（不固定一種模式），以創發現場動能（洪詠善，2018）。

素養導向教學設計包括領域內學科素養的養成，如閱讀素養、科學素養、數學素養等；有的則著重跨領域核心素養項目的培養，如探究思考批判思考、團隊合作、問題解決等；亦可兼顧學科／領域素養或是進行跨領域素養導向教學。其中，引導學生溝通理解是素養教學成功與否的重點，例如科學素養是以學生能否運用多樣的學習表現形態針對科學數據、主要論點（mainargument）進行分析與評量而衡鑑；數學素養則在養成學生能從數字與圖表中轉譯出有效資訊並計算；閱讀素養則是培養學生擷取訊息、標記重點、統整資訊並進而獨立思考與判斷及系統性思考。

透過素養導向教學，未來國民就是人才，並有以下改變，除了謀生必備技能，也需要有社會參與感的公民在教師引導之下對世界各地議題進行連結，並具備動機以觸發學習問題解決；學習的歷程與方法重於學習結果，變化最大的就是高中的學習歷程檔案，促進學生不停學習的機制，避免拿到分數卻不知爲誰而學或是爲何而學的窘境；另外，就是將教師由知識傳授唯一角色轉變爲教導學生學習成爲終身學習者的多元角色；因此，以跨領域及跨學科的素養導向試題成爲重要衡鑑依據。

相較於傳統試題，素養導向試題的題目通常會比較長；然而，經過適當設計，素養導向題目也可利用簡短或少量的訊息，引發素養的練習。素養導向評量強調透過選擇合理且適當的問題情境，讓學生了解所學與其生活或職涯發展的關係，以正向引導學生的學習動機。核心素養的培養應透過多元化的教學與學習情境（如實作、合作問題解決、專題研究等），輔以多元化的評量方式（如實作評量、檔案評量、動態評量等）長期培養，尤其是需要歷程觀察的評量，教師須因應學生差異進行教學設計。

教學單元設計參考格式（各領域／跨領域適用）

領域／科目			設計者	
實施年級			總節數	
單元名稱				
設計依據				
學習重點	學習表現		核心素養	
	學習內容			
議題融入	學習主題			
	實質內涵			
與其他領域／科目的連結				
教材來源				
教學設備／資源				
學習目標				
教學活動設計				
教學活動內容及實施方式			時間	備註
試教成果（非必要項目）				
參考資料				

註：本表單由國家教育研究院「十二年國民基本教育課程綱要實施之課程轉化探究」研究計畫團隊共同研發完成。

資料來源：http://nse.tpmr.tp.edu.tw/xoops25/uploads/tad_uploader/user_6/1244_2.pdf

Unit 12-7 十二年課綱之考招連動及學習歷程檔案

新課綱核心概念在希望學生由被動接受統一課程、教材與教學步驟的狀態改變自主學習的模式，特別是數位網路時代來臨，各類型的網路學習平台內容豐富多元，突破以往想像，以往學校提供學習知識的單一型態已然被顚覆，學生具備自助學習能力更顯重要。所以，大學端也要針對招生型態進行優化調整，於是催生大學多元入學新方案。

目前大學主要入學管道主要有：1.個人申請入學（學生依個人志趣選擇及大學依校系特色適性選才；2.繁星推薦（高中均質、區域均衡與高中推薦）；3.特殊選才（各校自行辦理，需要特殊才能、經歷或成就）；4.考試入學（校系彈性自主與考生多元選擇）。然而自109年度起逐漸出現變革，學測考試仍辦理5科，考生可自由選考，學測考試大學校系至多採用學測4科，學測科目使用數跨招生管道受限，可於所用之學測科目中自訂1項科目組合同級分超額篩選使用項目改變。所採用的4科可運用在繁星推薦：檢定、分發比序項目合計所用，或是，個人申請中第一階段檢定、第一階段倍率篩選、第二階段學測成績採計而自訂1項科目組合，會於繁星推薦之分發比序項目或是個人申請知的篩選倍率這個選項中使用。

此外，學習歷程檔案資料納入第一階段檢定或篩選，成爲非常重要的變革措施。學生學習歷程檔案計有四大項目：

一、基本資料

由學校人員「每學期」進行上傳。學生學籍資料，包含姓名、身分證號碼、擔任校級、班級、社團幹部紀錄及其他相關資料。

二、修課紀錄

由學校人員「每學期」進行上傳。包括各科目課程學業成績及課程諮詢紀錄，課程諮詢紀錄將不會上傳至中央資料庫。

三、課程學習成果

由學生「每學期」進行上傳。包括修課紀錄及學分數之課程作業、作品及其他學習成果。本項須經任課教師於系統進行認證，僅認證成果爲相關修課之產出，但不會進行評分與評論。注意事項：每學年由學生勾選6件，經由學校人員提交至中央資料庫。大學端參採限制：學生自中央資料庫勾選提交至招生單位之件數上限，大學至多3件，技專院校至多9件。

四、多元表現

由學生「每學年」進行上傳。對應108新課綱之彈性學習時間、團體活動時間及其他表現注意事項：每學年由學生勾選10件，經由學校人員提交至中央資料庫。大學端參採限制：學生自中央資料庫勾選提交至招生單位之件數上限爲10件。

至於其他類資料是否需要提供則由各大學招生中心訂定，由各校招生簡章中明訂。

學術／技職學生生涯進路圖

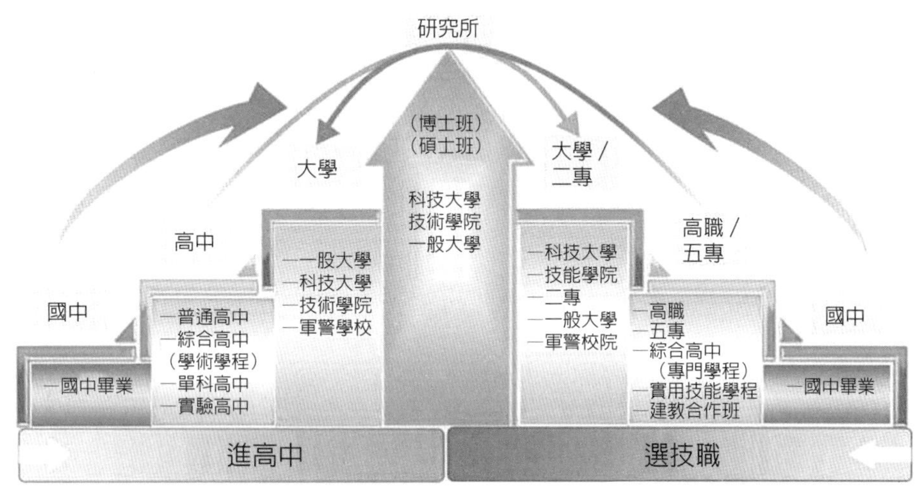

補充說明

一、高中生大學分別有繁星計畫申請入學考試分發入學或特殊選才。

二、高職、五專升科大管道

1. 技優甄選：書審＋面試（各校比率不同）
2. 繁星計畫：在校成績＋書審
3. 甄選入學：書審平均 53% ＋統測平均 47%
4. 聯合登記：統測決勝負

三、書面審查之多元表現加分項目

1. 證照：丙級 5 分、乙級 15 分、甲級 25 分。
2. 檢定：英檢初級初試 3 分、英檢中級初試 8 分；初級複試 5 分、英檢中級複試 10 分；各項中文檢定、商用檢定，以上不同職類之競賽或證照可累計計分。
3. 其他各校規定資料：競賽獲獎、專題製作、學習成果、自傳、志工、推薦函。

參考文獻

中文部分

方德隆（1998）。課程分化與統整：九年一貫課程之理論與實際。發表於 1998.12.20。

方德隆（2001）。課程的理論與實務。高雄：麗文。

方德隆譯（2004）。課程發展與設計（Allan C. Ornstein、Francis P. Hunkins 著）。台北市：高等教育。

中小學教師專業學習社群手冊（2009）。頁 8。

王文科（1988）。課程與教學論。台北：五南。

王恭志（2002）。課程研究典範轉移之探析：從現代到後現代。國教學報，14，245-268。

石再添（1971）。鄉土。載於沙學浚主編，雲五社會科學大辭典第十一冊（頁 241）。

朱敬先（1997）。教育心理學。台北：五南。

吳永軍（1999）。課程社會學。南京師範大學。

吳俊憲（2006）。台灣本土教育課程改革之研究。國立台灣師範大學教育學系博士論文，台北。

吳清山（2011）。發展學生核心素養，提升學生未來適應力。研習資訊，28(4)，1-4。

吳清山（2012）。差異化教學與學生學習。國家教育研究院電子報，38。取自 http://epaper.naer.edu.tw/index.php?edm no=38&content no=1011

吳清山、林天佑（1999）。教育名詞：學校本位課程。教育資料與研究，28，74。

吳清山、林天佑（2001）。教育名詞：課程領導。教育資料與研究，38，47。

吳清山、林天佑（2003）。教育小辭書。台北：五南。

吳清山、黃旭鈞（2004）。知識管理與課程領導。國民中小學九年一貫課程理論基礎，2，314-339。

吳裕聖（2005）。強化課程評鑑以落實課程發展，教育研究與發展期刊，

1(1)，頁 155-176。
宋明娟（2007）。重看 Ralph Tyler 的課程思想。教育研究與發展期刊，3(2)，83-112。
李子建、黃顯華（1996）。課程：範式、取向和設計。台北：五南。
沈水柱（2004）。國中校長課程領導之行動研究：以大穆降國中九年一貫數學課程銜接教學為例。國立高雄師範大學教育學系碩士論文，未出版。
沈姍姍（2005）。國民中小學九年一貫課程改革之探討。教育資料與研究，65，17-34。
林永豐（2017）。核心素養的課程教學轉化與設計。教育研究月刊，275期，頁 4-17。
林本、李祖壽（1970）。課程。王雲五主編：雲五社會科學大辭典：教育學（頁 131-132）。台北：商務。
林志成（2008）。推動教師專業發展評鑑的應有想法與可行做法。竹縣文教，37，1-7。
林志成、童鳳嬌（2007）。學校經營管理與品牌創新策略。載於中國文化大學之「學校行政論壇第十八次學術研討會」，頁 103-126。
林秀容（1999）。學校本位課程與教學創新。台北：揚智。
林佩璇（1999）。學校本位課程發展的個案研究：台北縣鄉土教學活動的課程發展。國立台灣師範大學教育研究所博士論文，未出版，台北市。
林佩璇（2001）。學校本位課程評鑑。教育研究資訊，9(4)，頁 83-96。
林進材（1999）。教學理論與方法。台北：五南。
林瑞榮（1997）。「空無課程」的概念分析。國教之友，49：3：547，頁 43-44。
林瑞榮（1998）。國民小學鄉土教育的理論與實踐。台北：師大書苑。
邱旭美（2002）。以一所國小鄉土教育課程進行學校本位課程評鑑探究。國立新竹師範學院學校行政碩士班碩士論文，未出版，新竹市。
施良方（1999）。課程理論。高雄：麗文文化。
洪詠善（ 2018）。素養導向教學的界定、轉化與實踐。課程協作與實踐第二輯，頁 59-74，臺北市教育部中小學師資課程教學與評量協作中心。

秦夢群、賴文堅（2006）。九年一貫課程實施政策與問題之分析。教育政策論壇，9(2)，23。

高雄市教育學會 87 學年度「教育新世代的變革與因應研討會」會議手冊，28-67。

高新建（1999）。外國推展學校本位課程發展的緣由。教師天地，103，13。

高新建（2002a）。學校課程領導者的任務與角色探析。台北市立師範學院學報，33，113-128。

高新建（2002b）。學校課程領導與課程管理。載於黃榮村發行，國民中小學校長與視導人員：理論篇研習手冊（頁 59-82）。台北：教育部。

高廣孚（1989）。教學原理。台北：五南。

張世忠（2001）。九年一貫課程與教學。台北：五南。

張春興（1994）。教育心理學。台北：東華。

張春興、林清山（1989）。教育心理學。台北：東華。

張素貞（2000）。校長專業成長。台北：師大書苑。

張嘉育（2001a）。課程領導概念內涵分析。載於市立師院主辦：課程領導與實務國際學術研討會論文集，104-119。

張嘉育（2001b）。學校本位課程發展的落實與永續。教育研究月刊，88，35-44。

張嘉育、黃政傑（2001）。學校本位課程評鑑的規劃與實施。課程與教學季刊，4(2)，85-110。

張靜嚳（1995）。何謂建構主義？。建構與教學，3。2014 年 5 月 21 日，取自 http://www.bio.ncue.edu.tw/c&t/issue1~8/v3-1.htm。

教育部（2002）。國民中小學九年一貫課程試辦與推動工作：91 年國中組學校經營研發輔導手冊 (1) 學校課程發展委員會之組織與運作實例。台北：教育部。

教科書研究（2017）。素養導向教材設計——理念與實踐，10(2)，頁 161-209。

莊明貞（2001）。當前台灣課程重建的可能性：一個批判教育學的觀點。載於國立台北師範學院學報，14，141-162。

莊明貞主編（2005）。課程領導的理念與實務。台北：高等教育。

莊勝義（2008）。多元文化教育的理念與發展。屏東科技大學演講稿。

郭昭佑（2000）。學校本位評鑑。台北：五南。

陳伯璋（1987）。課程研究與教育革新。台北：師大書苑。

陳伯璋（2001）。新世紀課程改革的省思與挑戰。台北：師大書苑。

陳伯璋（2003）。新世紀的課程研究與發展。國家政策季刊，2(3)，149-168。

陳伯璋（2005）。從課程改革省思課程研究典範的新取向。當代教育研究季刊，13(1)，1-34。

陳伯璋、張盈堃（2007）。來自日常生活的教育學院：社區、課程與美學的探究。教育與社會研究，12，41-72。

陳伯璋、張新仁、蔡清田、潘慧玲（2007）。全方位的國民核心素養之教育研究。行政院國家科學委員會專題研究計畫成果報告，NSC95-2511-S-003-001。

陳李綢（1998）。有效學習策略的研究與應用。學生輔導，38，40-42。

陳枝烈（1999）。部落學校設立之可能探討。原住民課程發展與教學策略研討會（219-240）。花蓮：國立花蓮師範學院。

陳冠州（2003）。國民中學「課程發展委員會」運作現況之研究。國立台灣師範大學教育研究所碩士論文，未出版，台北。

陳美如、郭昭佑（2003）。學校本位課程評鑑：理念與實踐反省。台北：五南。

陳浙雲（2001）。課程統整之精神與實施。九年一貫課程－教學創新 EASY GO。台北，台北縣政府。

陳益興、王先念（2007）。十二年國民基本教育政策規劃歷程研析。教育研究，158，5-14。

陳清溪（2007）。十二年國民基本教育相關研究文獻集萃。研習資訊，24(2)，85-93。

陳樹欉（2003）。校長課程領導之行動研究：以雲林縣二崙國中推動九年一貫課程為例。國立中正大學教育研究所碩士論文，未出版，嘉義。
陸師成主編（1979）。辭彙。台北：文化圖書公司。
彭富源（2004）。國民中小學課程政策執行模式之建構，國民教育研究集刊，12，61-89。
游家政（2000）。學校課程的統整及其教學。課程與教學，3(1)，19-38。
童鳳嬌（2012）。十二年國教的因應策略。學校行政雙月刊，78，157-182。
黃光雄、蔡清田（1999）。課程設計—理論與實際。台北：五南。
黃光雄（1996）。課程與教學。台北：師大書苑。
黃光雄、楊龍立（2004）。課程發展與設計：理念與實作。台北市：師大書苑。
黃光雄、蔡清田著（1999）。課程設計：理論與實際。台北：五南。
黃光雄、蔡清田著（2014）。課程發展與設計新論。台北：五南。
黃旭鈞（2003）。課程領導理論與實務。台北市：心理。
黃宗顯（2001）。「真理政權」與教育改革：權力社會學的分析觀點。九年一貫課程與教育改革議題：教育社會學取向的分析，財團法人國立台南師範學院校務發展文教基金會、台灣教育社會學學會主編（頁21-36）。高雄：復文。
黃政傑（1987）。課程評鑑。台北：師大書苑。
黃政傑（1989）。邁向成功的課程實施。教育研究集刊，30，1-2。
黃政傑（1991）。課程設計。台北：東華。
黃政傑（1999）。國教九年一貫課程的展望。師友，379，4-9。
黃政傑、張嘉育（1999）。落實學校本位課程發展。教師天地，103，6-12。
黃湃翔（1996）。蓋聶的知識觀。高市文教，57，66-70。
黃嘉莉（2011）。美國八年研究經驗對我國大學入學制度革新之啓示。教育科學研究期刊，56(2)，1-26。
黃嘉雄（2018）。國民中學及國民小學實施課程評鑑參考原則解析。中等教育，69(4)，頁22-35。
黃嘉雄（2002）。落實學校本位課程發展的行政領導策略。現代教育論壇，6，140-147。

黃鴻文、湯仁燕（2005）。學生如何詮釋學校課程？教育研究集刊，51（2），99-131。

黃繼仁（2010）。課程發展與設計的模式。線上檢索日期：2015.09.03。網址：http://techers.ntcpe.edu.tw。

楊深坑（1988）。理論、詮釋與實踐。台北：師大書苑。

楊智穎（2001）。解嚴後台灣鄉土語言課程的回顧與展望。載於國立花蓮師範學院多元文化教育研究所（主編），九年一貫課程與多元文化教育學術研討會論文集，頁447-463。

葉興華（2002）。以課程設計模式的建立與檢核來進行學校本位課程評鑑。教育資料與研究，44，30-34。

甄曉蘭、侯秋玲（2014）。從支援學生學習談差異化教學。教師天地，190，頁31-38。

甄曉蘭（2001）。中小學課程改革與教學革新。台北：元照。

甄曉蘭（2004）。課程理論與實務：解構與重建。台北：高等教育。

劉玉玲著（2003）。課程發展與設計。台北：桂冠。

歐用生（1994）。課程發展的基本原理。高雄：復文。

歐用生（2003）。課程典範再建構。台北：五南。

歐用生（2004）。課程領導：議題與展望。台北：高等教育。

歐用生（2006）。課程理論與課程領導。載於高雄市95年度國民小學九年一貫校長課程領導專業知能研習手冊，26-41。

蔡清田（2011）。素養：課程改革的DNA。台北：高等教育。

蔡清田（2012）。課程發展與設計的關鍵DNA：核心素養。台北：五南。

蔡清田（2014）。國民核心素養：十二年國教課程改革的DNA。台北：高等教育。

蔡清田、洪若烈、陳延興（2011）。K-12中小學課程綱要的核心素養與各領域之聯貫體系研究。國家教育研究院總計畫期末報告。NAER-99-12-A-05-00-2-11。

鄭肇楨（1987）。教師教育。香港：中文大學出版社。

薛東埠（2004）。國中校長課程領導與學校效能相關之研究：以九年一貫課程發展為例。國立高雄師範大學教育學系碩士論文，未出版。
謝金青（2004）。國民中小學九年一貫課程試辦成效之綜合評鑑。教育研究集刊，50(1)，143-173。
鍾啓泉（1997）。班級經營。台北：五南。
鍾啓泉（2005）。現代課程論。台北：高等教育。
顏國樑（2007）。十二年國民基本教育政策法制化內涵分析及制定策略。教育研究，158，101-114。
譚光鼎、劉美慧、游美慧（2003）。多元文化教育。台北：國立空中大學。
Allen C. Ornstein & Francis P. Hunkins 著，方德隆譯（2004）。課程發展與設計。台北：高等教育。

外文部分

Arends, R. I., & Kilcher, A. (2010). *Teaching for Student Learning: Becoming an accomplished teacher*. New York, NY: Routledge.
Aoki, T. T. (2005). *Curriculum in a New Key: The Collected Works of Ted T. Aoki*. Edited by William F. Pinar and Rita L. Irwin. Chapter 9: Legitimating Live Curriculum: Toward a Curricular Landscape of Multiplicity. 1993. pp.199-218.
Apple, M. W. (2004). *Ideology and curriculum* (3rd ed.). New York: Routledge Falmer.
Bailey, K. D. (1987). *Methods of social research*. New York: The Free Press.
Banks,J. A. (1981). *Education in the 80': Curricular challenges*. Washington, D.C.: NEA.
Banks, J. A. (1991). *Teaching strategies for ethnic studies* (5th ed.). Boston: Allyn & Bacon.
Banks, J. A. (1993). Approaches to multicultural curriculum reform. In J. A. Banks & C. A. M. Banks (Eds.), *Multicultural education: Issues and perspectives* (pp. 195-214). Boston, MA: Allyn & Bacon.

Berninger, V. & Abbott, R. D. (1994). Redefining learning disabilities: Moving beyond aptitude-achievement discrepancies to failure to respond to validate treatment protocols. In G. R. Lyon ed. *Frames of reference for the assessment of learning disabilities: New views on measurement issues* (pp. 163-183). Baltimore, MD: Paul H. Brook.

Bloom, *B. S.*, Engelhart, M. D., Furst, E. J., Hill, W. H., & *Krathwohl, D. R.* (1956). *Taxonomy of educational objectives: The classification of educational goals. Handbook I: Cognitive domain*. New York: David McKay Company.

Deci, E. L. & Ryan, R. M. (1985). *Intrinsic motivation and self-determination in human behavior*. New York: Plenum.

Dick, W. & Reiser, R. (1989). *Planning effective instruction. Englewood cliffs*. N. J. Prentice Hall.

Dimmock,C. & Lee, J. C. (2000) . Redesigning school-based curriculum leadership: Across cultural perspective. *Journal of Curriculum Supervision, 15* (4), 332-358.

Eisner, E. W. (1979). *The Educational imagination: On the design and evaluation of School programs*. NY: Macmillan.

Eisner, E. W. (1983). The arts and craft of teaching. *Educational Leadership, 40* (4), 4-13.

Eisner, E. W. (1985). *The art of educational evaluation: A personal view*. Philadelphia, PA: The Falmer Press.

Eisner, E. W. (1994). *The educational imagination: On the design and evaluation Of school programs* (3rd ed.). New York: Macmillan College Publishing Company.

Eisner, E. W. (1998).The enlightened eye: Qualitative inquiry and the enhancement of educational practice. New Jersey: Merrill.

Eisner, E. W. (2002). What can education learn from arts about the practice of education. *Journal of Curriculum and Supervision, 18* (1),

4-16.

Elmore, R. & Sykes, G. (1992). Curriculum Policy. In P. Jackson (Ed.), *Handbook of research on curriculum*, 185-215. N.Y.: Macmillan.

Felton, H. & McConachy, D. (1980). *Giving an account. Part ? Description and review of a school-based evaluation project undertaken with the help of an "outside" facilitator. Teachers as evaluators project*. (ERIC Document Production Service NO. ED201601)

Fogarty, R. (1991). *The mindful school: How to integrate the curricula*. Palatine, IL., Skylight Publishing.

Freire, P. (1993). *Pedagogy of the oppressed*. New York: Continuum.

Fullan, M. G. (1991). *The new meaning of educational change*. New York: Teachers College Press.

FuUan M. & Pomfret, A. (1977). Research on curriculum and instruction, implementation. *Review of Educational Research*, *47*(1), 335-397.

Gagn'e, R. M. (1968). *Learning Hierarchies. Educational Psychologist*, *6*(1), 1-9.

Gardner, H. (1983). *Frames of mind: The theory of multiple intelligence*. New York: Basic Books .

Gay G. (1995). Curriculum Theory and multicultural education. In J. A. Banks, C. A. M. Banks (Eds), *Handbook of research on multicultural education* (pp. 25-43). New York: Macmillan.

Glaser, R. (1965).Toward a behavioral science base for instructional design. In R.

Glaser (Ed.), Teaching machines and programmed learning. Vo1.2. Washington, D. C. National Education Association, 771-809.

Glatthorn, A. A. (2001). *The principal as curriculum Leader*. Prentice Hall.

Glatthorn, A. A. (2000). *The Pricipal as Curriculum Leader*. Thousand Oaks, CA: Sage.

Goodlad, J. I. (1979). *Curriculum inquiry: The study of curriculum practice*.

New York: McGraw-Hill.

Grant, C. A. & Sleeter, C. E. (1996). *After the school bell rings*. Washington. D.C.: Falmer Press.

Grumet, M. R. (1981). Autobiography and reconceptualization. In H. A. Giroux, N., Penna & W. F. Pinar (Eds.). *Curriculum and Instruction*. California: McCutchan.

Hall, G. E. & Loucks, S. F. A. (1977). A developmental model for determining whether the treatment is actually implemented. *American Educational Reserch Journal*, *14*(3), 263-276.

Hall, G. E., Wallace, R. C., & Dossett, W. F. (1973). A *developmental conceptualization of the adoption process within education institutions. Austin*, TX: Research and Development Center for Teacher Education, the University of Texas at Austin.

Jackson, P. (1992). Conceptions of curriculum and curriculum specialists. In P. Jackson (Ed.), *Handbook of research on curriculum* (pp.3-40). New York: Macmillan.

Kelly, P. J. (1999). Contextual and Non-Contextual Histories of Political Thought. In *The British Study of Politics in the Twentieth Century*, eds. Jack Hayward, Brian Barry and Archie Brown. Oxford, England: Oxford University Press.

Kibler, R.J., et al., (1978). Objectives for instruction and evaluation. (2nd. ed.). Boston: Allyn and Bacon.

Kridel, C. & Bullough, R. V., Jr. (2002). Conceptions and misperceptions of the eight-year study. *Journal of Curriculum and Supervision, 18*(1), 63-82.

Kuhn, T. S. (1970). *The structure of scientific revolutions* (2nd ed., enlarged). Chicago: The University of Chicago Press.

Kuhn, T. S. (1996). *The structure of scientific revolutions*. 【Online】. Available： http://www.tiac.net/ users/cri/kuhn.html (visited Jan

3, 2013) Lawton, D. (1989). *Education, culture and the National Curriculum*. London: Hodder and Stoughton.

Lee, J. C. & Dimmock, C. (1999). Curriculum Leadership and Management in Secondary.

Leithwood, K. A. (1982). Implementing curriculum innovations. In Leithwood (1982) (Ed). Studies in curriculum decision making. Toronto. The Ontario Institute for Studies in Education.Studies in Education, 243, p.67.

Maccia, E. S. (1965). *Methodological Considerations in Curriculum Theory Building*. Presented to ASCD Commission Theory, Chicago.

MacDonald, J. B. (1971). Curriculum theory. *Review of Educational Research, 64*(5), 196-200.

Marsh, C., Day, C., Hannay, L.,& MaCutchen, G. (1990). *Reconceptualizing school- based curriculum development*. London: The Falmer Press.

Mckernan, J.(1996). *Curriculum Action Research: A Handbook of Methods and Resources for the Reflective Practitioner*. London: Kogan Page.

McNeil, J. D. (1996). *Curriculum: a comprehensive introduction* (5th ed.). Harper Collins College Publishers.

Oliva, P. F. (1992). *Developing the curriculum* (3rd ed.). New York, NY: Harper Collins.

Ornstein, A. C. & Hunkins, F. P. (1998). *Curriculum foundations, principles, and issues* (3rd ed.). Needham Heights, MA: Allyn & Bacon.

Pinar, W. F. (1975). *Curriculum theorizing：The reconceptualists*. Berkeley, CA：McCutchan.

Pinar, W. F., Reynolds, W. M., Slattery, P., & Taubman, P. M. (1995). *Understanding curriculum：An introduction to study of historical and contemporary curriculum discourse*. N. Y.：Peter Lang.

Pinar, W. F. (1998). Introduction. In W. F. Pinar (Ed.), *Curriculum：Toward new Identities* (pp.41-74). N. Y.: Garland.

Pinar, W. F. (2004). *What's curriculum theory*? Mahwah, New Jersey: Lawrence Erlbaum Associates, Publishers.

Pinar, W. F. (2005). *The Problem with Curriculum and Pedagogy. Retrieved from* http://www.jonathanbfisher.net/wp-content/uploads/2014/01/Pinar-W.F.-2005-Anti-Instrumentalism.pdf

Pinar, W. F., Reynolds, W. M., Slattery, P., & Taubman, P. M. (1995). *Understanding curriculum*. New York: Peter Lang Publishing, Inc.

Pinar, W., Reynolds, W., Slattery, P., & Taubman, P. (1995). *Understanding Curriculum: An Introduction to the study of Historical and Contemporary Discourses*. New York: Peter Lang.

Pring, R. (1976). Knowledge and schooling. Wells: Open Books.

Rowntree, D. (1982). *Educational Technology in Curriculum Development* (2rd ed.). London: Harper & Row.

Rugg. H. (1926). *Curriculum-Making Past and Present*. U.S.: Arno Press & The New York Times.

Schiro. M. (1978) .*Curriculum for better schools: The great ideological debate*. N.J.: Educational Technology.

Schubert, W. H. (1986). *Curriculum: Perspective, paradigm, and possibility*. New York: Macmillan.

Schubert, W. H. (2008). Curriculum Inquiry. In F. M. Connelly & M. F. He & J. Phillion (Eds.), *The SAGE Handbook of Curriculum and Instruction* (pp. 399-419). Thousand Oaks, CA: Sage Publications.

Schwab, J. J. (1969). The Practical: A language for curriculum. *School Review, 78,* 1-23.

Schwab, J. J. (1978). Science, curriculum, and liberal education. *Selected essays, Joseph*. Chicago, MI: University of Chicago. MI: University of Chicago.

Schwab, J. J. (1978). The Practical 3: Translation into curriculum. In I. Westbury & N. J. Wilkof. (Eds.), *Science, curriculum, and Liberal education: Selected essays* (pp. 365-383). Chicago: University of Chicago.

Snyder, J., Bolin, F., & Zumwalt, K. (1992). Curriculum implementation. In P. W. Jackson (ED.), *Handbook of Research on Curriculum*. NY: Macmillan Pub. Co.

Sockett, Hugh (1976). *Designing the Curriculum*. London: Open Books.

Sowell, E. J. (1996). *Curriculum: An integrative introduction*. Englewood Cliffs, NJ: Merrill.

Spencer, H. (1861/1993). *Education intellectual, Moral, and Physical*. London: Routledge.

Skilbeck, M. (1984) *School-based curriculum development* .London: Harper & Row Ltd., p.235.

Stenhouse, Lawrence. (1975). *An introduction to curriculum research and development*. London: Heinemann Educational Books Ltd.

Subban, P. (2006). Differentiated instruction: A research basis. *International Education Journal*, *7*, 935-947.

Tanner, D. & Tanner, L. N. (1995). *Curriculum Development: Theory into Practice* (3nd ed.). Englewood Cliffs, NJ.: Prentice-Hall.

Tomlinson, C. A. (2001). *How to differentiate instruction in mixed-ability classrooms. Association for Supervision and Curriculum Development* (2nd Ed.). Alexandria: VA: Association for Supervision & Curriculum Development (ASCD).

Tomlinson, C. A. (2014). *The differentiate classroom: Responding to the needs of all learner, 2nd Edition*. Alexandria: VA: Association for Supervision & Curriculum Development (ASCD).

Tyler, R. (1949). *Basic principles of curriculum and instruction*. Chicago: University of Chicago Press.

Vidovich, L. & O'Donoghue, T. (2003). Global-local dynamics of curriculum policy development: A case-study from Singapore. *The Curriculum*

Journal, *14*(3), pp. 351-370.

Wiggins, G., & McTighe, J. (1998). *Understanding by design*. Alexandria, VA: Association for Supervision and Curriculum Development.

Woolfolk, A. (1995). *Educational Psychology*. 6Ed. Boston: Allyn and Bacon.

國家圖書館出版品預行編目資料

圖解新課綱課程發展與設計／敬世龍著. ——二版. ——臺北市：五南圖書出版股份有限公司, 2021.04
面； 公分
ISBN 978-986-522-472-1（平裝）

1.課程 2.課程規劃設計

521.7 110001993

1IJ7

圖解新課綱課程發展與設計

作　　者 — 敬世龍(503)
發 行 人 — 楊榮川
總 經 理 — 楊士清
總 編 輯 — 楊秀麗
副總編輯 — 黃文瓊
責任編輯 — 李敏華
封面設計 — 王麗娟
出 版 者 — 五南圖書出版股份有限公司
地　　址：106台北市大安區和平東路二段339號4樓
電　　話：(02)2705-5066　　傳　　真：(02)2706-6100
網　　址：https://www.wunan.com.tw
電子郵件：wunan@wunan.com.tw
劃撥帳號：01068953
戶　　名：五南圖書出版股份有限公司

法律顧問　林勝安律師事務所　林勝安律師

出版日期　2016年11月初版一刷
　　　　　2021年 4 月二版一刷
定　　價　新臺幣280元